U0902806

领导口才训练手册

李洪伙
柳杨军
著

中国纺织出版社

内 容 提 要

本书用七个篇幅研究作为新晋领导，应该怎样巧妙运用语言艺术去助跑职场领导之路。主要从领导的口才凝聚力培养、领导表达力丰富领域入手，进而推延到作为领导的上传下达能力提升，并且结合一些具体的案例，更加明确地总结了领导在言行上应该规避的忌讳和毛病。

图书在版编目（CIP）数据

领导口才训练手册 / 李洪伙，柳杨军著. --北京：中国纺织出版社，2018.7

ISBN 978-7-5180-4788-8

Ⅰ.①领… Ⅱ.①李… ②柳… Ⅲ.①领导学—口才学—手册 Ⅳ.①C933.2-62

中国版本图书馆CIP数据核字（2018）第042503号

策划编辑：郝珊珊　　责任印制：储志伟

中国纺织出版社出版发行

地址：北京市朝阳区百子湾东里A407号楼　邮政编码：100124

销售电话：010—67004422　传真：010—87155801

http：//www.c-textilep.com

E-mail：faxing@c-textilep.com

官方微博http://weibo.com/2119887771

三河市延风印装有限公司印刷　各地新华书店经销

2018年7月第1版第1次印刷

开本：710×1000　1/16　印张：15

字数：164千字　定价：39.80元

前言

张口说话谁不会呢?

是的，说话是最容易的事，因为三岁的小孩也会说话。但是，说话也是最难的事，因为最擅长辞令的外交家也难免有说错话的时候。

我们时常会听到有人这样后悔不已：都怪我这张臭嘴！也能听到有人这样羡慕别人：他好会说话哦……

清朝大员曾国藩在给皇帝的报告中提到当时战况是“屡战屡败”，众人觉得不妥，曾国藩灵机一动，改为“屡败屡战”。屡战屡败是灭自己威风，而屡败屡战则属越挫越勇。皇帝看罢奏章，认为其勇气可嘉，没有处罚反而委以重任。原字未动，仅仅是顺序的改变，就让曾国藩平步青云。

而从另一个角度看，有时候，一句话说不好，就会让英雄折腰！说话，特别是即兴演说、即席讲话中，每一个字，每一句话，都可能影响你谈话的效果，改变你事业的进展，甚至给你的生活带来翻天覆地的变化。

让你说的话为你做的事锦上添花吧，因为，我们已经无法摆脱以下社会活动：

主持会议需要演说，商务谈判需要演说，接受采访需要演说，鼓励员工需要演说；

凝聚人心需要演说，汇报工作需要演说，竞聘上岗需要演说，工作述职需要演说；

问题解释需要演说，说明情况需要演说，介绍产品需要演说，自我推介需要演说；

沟通思想需要演说，打通人脉需要演说，激发士气需要演说，征服人心需要演说。

会说话的人，左右逢源，职场得意。古时的“智圣”诸葛亮，上知天文下通地理，如果不能凭三寸不烂之舌联吴抗曹、舌战群儒，就算刘皇叔拿八抬大轿去抬，也只是个普通的智囊而已；现在的“万亿侯”马云，靠一口流利的英语，在商场上舌灿莲花，成就了阿里巴巴的传奇。

这样的精英人物，从古到今数不胜数。一张会说话的嘴，一副良好的口才无疑会为你在职场上平步青云保驾护航，增加一个让你走向成功的砝码。正可谓干得好不如说得好！

作为企业的管理者、领导者，你必须懂得，说什么，员工更爱听；怎么说，员工更容易接受。你必须具备一定的语言艺术，来“忽悠”身边的兄弟，与你一同“仗剑走天涯”。

本书针对企业主管，包括企业领导者，围绕“说什么，员工更感兴趣”“怎么说，员工更容易接受”的主体思路，全面教授“说话技巧”，让“话语力量产生领导力量”成为现实。

编著者

2017年12月

目录

第一篇　当众讲话　振臂一呼　应者云集

第二篇　谦恭下士　有大哥的风范才有人追随

第四篇　优化表达　把话说到下属心窝里

第五篇　精明强干　让上司为你而骄傲

第七篇 注意忌讳 说得好可以左右逢源

第一篇

当众讲话　振臂一呼　应者云集

第1章

话语要有感召力

恭喜你，你现在已经是公司的主要领导了！

或许你已经是私企的掌舵者，但我在这里要问你一个问题——别人为什么要听你的？

还是我替你回答好了，这说明你身上一定存在着某种感召力！让人愿意听从你的领导而按部就班地工作。

那么，我们要想成为一名卓越的决策者，该如何加强自己的感召力？

1. 要在新官上任之时，就树立好自己的威信，赢得话语权。

2. 说话做事要顾全大局，站在集体和大众的利益点上思考问题，第一时间赢得人心。

3. 话语通俗，简洁有力。有话说在当面，好话说在当前。

4. 铿锵有力，言之有物，言之有序，言之有情。

以上四点只是基本，做好了便可以取得振臂一呼，应者云集的效果。

1　新官上任，如何烧好“三把火”

俗话说“新官上任三把火”，众所周知，但凡新担任一个领导职位，不管是部门主管，还是公司总经理、CEO……每个新领导都会拿出一套自己的管理理念、工作方式或者展示自己解决问题的一些方式方法，以此来表明自己的工作方针、展现自己的领导能力和决心。作为新上任的主管领导，我们该如何烧好自己的“三把火”？

第一把火：树声威——树声威要以柔克刚。走马上任，第一关就是取信于人，树立威信。但如果一上任处理问题就一味快刀斩乱麻，难免会让下属人心惶惶，影响日常工作的顺利开展。按兵不动，以柔克刚，适时亮剑，才是万全之策。

某集团企业引进人才，调入一位新主管，据说是个管理能手，专门被派来整合人力资源。但在上任后，这个新主管却只是每天笑呵呵地进出公司，上班期间也整日待在自己的办公室里不出门，看起来似乎就通过员工每日上交的工作日志来了解员工。公司里那些平时爱耍小聪明的员工就想，这哪是管理高手，分明是个老好人。这下，这些人非但没有收敛，反而更猖獗了。

直到交季度报告时，新主管发威了。那些投机取巧的员工都接到了解雇通知，那些认真工作的人则得到了提升。下手之快，断事之准，与之前判若两人。员工大会上，新主管说："相信大家一定会对我刚上任时的表现和现在的大刀阔斧裁员感到不解。我给大家讲个故事，各位就明白了。我的朋友买了栋带院子的房子。一搬进去，他就不管三七二十一，把杂草杂树一律清除，改种自己新买的花卉植物。后来，老房主来做客，他才得知，被自己清除的竟有些名贵的牡丹。我从这个故事联想到，如果一家公司是一座花园，那么有些员工就是这些名贵的牡丹，因为牡丹不可能一年到头都盛放于枝头，操之过急，就有可能被当成杂草杂树给清除了。或许大家会认为，新官一上任必定要调整人员，铲除异己，提拔自己的亲信，我觉得大可不必有这层顾虑。怎样区分异与己？只有经过长期的观察才认得出啊。对于那些耍小聪明、老想着钻团队空子的人，我只能'忍痛割爱'了！之前的裁员正是我长期观察之后才采取的行动，希望大家理解。"

马云说过，他从来不用价值观去排除异己。的确，新领导上任，不能仅凭自己的喜好冲动裁员，要用时间和业绩去考察员工。这位新主管并没有急于去否定自己的下属，而是以柔克刚，给他们充分表现的机会，然后再分出"异己"，这样会让人更容易接受。这位新主管的发言由事及人，由人推己，既渲染了气氛，又分享了自己的管理理念，不是很巧妙吗？

第二把火：去顽疾——去顽疾要杀鸡儆猴。我们说杀鸡儆猴、以儆效尤，是指一个团队中大面积地出现严重问题，如果先治理这个团队中最为突出的顽疾，会对团队中的其他成员起到敲山震虎的警示作用。

市立中学刘校长借调教育局，闫学斌被任命为代理校长。闫学斌上任之初，正值学校教师评优，因此事关系到职称评定，所以，这一向是许多老师必争的荣誉。有些老师为了评优不择手段，其中有个王老师尤为恶劣，可谓历任领导心中的痼疾，总在评优期间恶意攻击同事，影响极坏。

在职工代表大会上，闫学斌校长语重心长地说："大家辛苦一年，都想得到认可，我也想得到上级部门的认可呢，这都是可以理解的。以前，刘校长讲究情面，看谁闹得凶，会给他个台阶，可大家不要误以为哭哭闹闹就是评优的必备能力。比方说，我现在是校长，我哭哭闹闹耍无赖，就能当上教育局长？这简直是胡闹！现在，我们就定个规矩，就是各部门推荐的候选人必须具备一些硬性条件。这个规矩不是针对某个人，而是为了让我们下一次的评优有更为客观的凭证，要想参与评优，必须遵循这个公约。所以，王老师，您如果想评优，那就好好准备，争取明年的名额吧！"

闫学斌校长的一番讲话得到了教工的认可，也为自己树立了权威。那位王老师也不敢再造谣生事了。

当一些下属为了某些利益说了不恰当的话或做了不合理的事时，作为领导，如果一并整顿，扎堆处理，往往会影响士气。如果通过责问其中的一个来警告其他人，促使大家认识到自己的错误，便会有四两拨千斤的功效。闫学斌校长抓典型、去顽疾，杀一儆百，并表明了自己与前任刘校长不同的立场和工作方式，让刺头王老师束手就擒，树立了自己权威。

第三把火：暖人心——暖人心要一语双关。要想让下属无怨无悔地服从自己的领导，管理者应该懂得说话暖人心窝。新官上任，说暖人心的话最能收买人心。如果话语既具激励作用，也有警示作用，一语双关，则效果更佳。

传媒公司的摄影总监徐勤欢被提升为负责影视项目制作的副总经理。因为摄制组经常外出拍摄，工作任务重、强度大，许多员工牢骚满腹，抱怨公司提成少；同时，越是如此，一些员工就越想着投机取巧，工作上拈轻怕重。徐勤欢上任之后，为了更好地监督工作，经常与摄制组一同出差。

这天，他们完成某集团专题片的外拍，在聚餐时，徐勤欢对摄制组的同事说："我的第一份工作就是做跟组助理，摄制组工作强度大，有些摄影器材贵重且笨重，我扛过机子，搬过设备，所以，我懂得大家的苦和累。在这次跟组过程里，大家看我根本没帮上什么忙，甚至还会帮倒忙，其实，我一直在观察各位的工作状态，对于那些勤勤恳恳工作的人，我会向公司反映，增加提成，保证一分付出一分收获。当然，也有个别同事或许还没有进入工作状态，我希望下次拍摄，我们都能调整好状态，这样既能提高我们整个团队的工作效率，也能为自己创造更多的回报。"

徐勤欢的一番话，让那些踏实做事的同事们听后频频点头认可，那些想着投机取巧的人则不好意思地低头沉思。

徐勤欢首先表明了自己的立场——保证员工一分付出一分收获，这会让务实勤恳的人感到欣慰，语暖人心，从而增加好感，取信于人；接着，他又旁敲侧击，让那些投机取巧的人感到愧疚，从而树立了他作为副总经理的权威。徐勤欢这一番话语，双管齐下，值得学习。

每个新上任的领导者所处的环境和面临的问题可能都不一样，但如果想在自己的职位上发光发热，带领团队做出成绩，就需要树立威信。烧好三把火，将取得振臂一呼，应者云集的效果，但要注意以下几点：

1．充分调研不同岗位的特性，切忌偏听偏信、主观臆断，不要一味通过求新求异来体现自己的管理思想，更不要让人感觉官本位思想浓重。

2．领导说话要充分考虑自己所辖范围内下属的感受，不要给他们留下偏袒、护短的印象。

3．凡事以身作则，必要时亲力亲为，发挥榜样作用。

2　空降干部，如何争取人心

工作中，有一个现象我们并不陌生：突然有一天，我们所在的部门或单位调来了一位新领导——这便是我们即将说到的“空降干部”空降干部是指从上级单位或其他兄弟单位调任到本单位领导岗位的干部。近年来，空降干部越来越成为用人的一种趋势。初来乍到，空降干部该怎样说话才能得到同事认可，从而建立自己的人脉和威望，让自己扎稳根基呢？

多说带有归属感的话，接地气。对于空降干部，最怕脱离群众，单打独斗。述职报告时，或者在公众场合说话，一家人千万别说两家话。

聂如飞原本是集团总部的技术总监，因为集团业务拓展，空降到外地一家分公司担任总经理。

在第一次全体员工会议上，聂如飞就抓住了表现自我的好机会。他说：“我是做技术出身的，对于管理工作，我还是个实习生。一开始集团领导找我谈话，说让我负责一家分公司的全面工作，我心里特别忐忑，生怕自己做不好。但我翻开咱们分公司去年的研发成果报告书，顿时就疑虑全无。因为我发现，咱们去年一年的研发成果，是全集团的主力，占了四分之一。我觉得这正是自己应该来的地方，这里更能发挥我的技术技能。而且，这里也有许多曾经在总部共事过的老朋友，咱们搭伙做事，那是轻车熟路。总部让我来做总经理，这分明是给我安排了一次与老同事、老朋友重聚的机会，也是一次跟新同事学习相处的机会。不少新同事也已经对我有所了解，我在集团工作了17年，可以自诩老油条，现在咱们一起工作学习，你们不选我为'老班长'吗？有人会说我是'空降'来的，那是不对的，我的根是和大家长在一起的！"一番话赢得阵阵掌声。

聂如飞空降分公司做总经理，是正儿八经的分公司老大，但他放低身段，称自己是做管理工作的'实习生'，话语中表露出自己急切地想加入到分公司，急切地想融入技术研发团队的心情。接着，他在与老同事寒暄中，把与新同事的交情描述成共同学习、相处增进感情，表现出自己珍重同事友情的重情重义品质，暖人心脾；对新同事的一番话，又像一位大哥哥、老班长，饱含呵护爱护之情。聂如飞的这些话语，让人感知他急切地需要大家的认同，且情理兼备，语暖人心。这样的领导，当然受欢迎。

作为公司总部外派的干部，虽然你是空降他处，但毕竟在一个系统工作，和新单位的一些领导干部或者老员工还是有些交情的，不妨以此为突破口，和大家叙叙旧情，这样往往能使你快速融入新的团队。

多表露自己的雄心壮志，以定军心。空降新领导，不妨在自己述职的第一时间向员工透露自己接下来的一部分工作计划，一来可以使员工安心，二来也有利于树立良好形象，提升自身的威望，一举两得。

传媒摄影总监徐勤欢被提升为副总经理之后，新的摄影总监并没有从摄影部产生，而是通过人才引进，新招聘了一名摄影总监薛小川。

薛小川在就任会议上，对摄影部的同事说："都说外来的和尚好念经，我这外来和尚却压力重重。我的第一个压力，就是消除各位心中的疑虑。一家公司要换主要岗位的负责人，往往会有很多人担心，新领导会不会'新官上任三把火'，会不会'一朝天子一朝臣'？我今天也借此机会跟大家表个态。我这次呢，还真带了'三把火'。这第一把火，就是同事感情的凝聚火，大家可以打听一下，我从来没做过任人唯亲的事，以前没有，将来也不会有。我就跟工作认真的同事亲，谁把工作干得好，我就跟谁亲。第二把火，就是开展工作的热情火。这也是我消除第二个压力的法宝。咱们徐总监把摄影团队带得这么好，大家的工作热情那么高，我只有烧好这把工作热情之火，让摄制组成为单位的明星部门。我可以向大家保证，无论做什么决定，都会根据单位的实际情况，根据大家的意见，我的大门也随时向大家敞开，欢迎提意见。第三把火，就是提升大家薪酬待遇的旺福火。我渴望成为大家心中的福娃，为大家带来好运。我相信，只要我们齐心协力，我们摄影部会成为单位的高薪部门！"

薛小川总监的一番话，赢得摄影部全体同事的阵阵叫好。

薛小川空降到传媒公司做摄影总监，自然少不了本单位内部人的各种质疑。薛小川的聪明之处在于，他主动捅破这层窗户纸，向大家坦陈自己新官上任的"三把火"，这三把火烧掉了同事间的猜忌，点燃了同事工作的热情，也展示了自己的领导理念和工作方法。他坦陈自己任职之后的雄心壮志，并向同事们做了重要保证，既团结了士气，又安定了军心。

强调与下属的目标一致，以聚人气。领导者只有让下属感觉彼此有共同的奋斗目标，才会有人拼命维护领导者的核心领导地位。

相比于一步一个脚印提升上来的单位老骨干，“空降干部”缺少根基，想要顺利开展工作更加困难。所以，在说话时，值得注意的是：

1．“空降干部”新到一个单位前，应仔细调研，针对该单位的问题，拿出有针对性的办法，说出真知灼见，让人心服口服。

2．我们新到一个单位，肯定威望不足，这时不妨借用上级领导的言论，来加强自己话语的分量，稳固自己的领导地位。

3 好话说在前面才有吸引力

在工作中，我们针对当前的工作问题就事论事地去讲述、去劝说他人，有时并不为人所接受，说服力也相对削弱。此时，我们不妨先不谈眼前的细枝末节，而去畅谈事后的种种美好。好话说在前面，可以增加话语诱惑力度，让对方受到激励，对方也会更加配合你。

若想对他人产生巨大影响，你必须向他人描述打动人心的美好愿景。

无利不起早，这是人趋利避害的本性。作为领导，在劝说你的下属去执行一份工作时，可以先把事后的种种回报告诉他，让其怀着对未来的美好期望，充满激情地执行任务。

在号召员工统一执行你的行动和工作计划时，还可以说些认可他们的好话。这种好话适合在单位聚餐或者团体会议中讲述。

有一位即将被派往美国的上海某企业主管，在临行酒宴上讲了一段话十分精彩。他说："大家都知道，如果一个人没有过人之才，是不可能在上海这个竞争异常激烈的金融之都工作的，也不可能在一个跨国企业做到主管的位置，更何况一做就是十年。而我，没有什么过人之才，凭什么就能稳坐十几年的高管席位呢？这道理很简单，因为我靠了你们这些朋友！靠了你们这些喜欢钻研和创新的朋友们。我想，集团派我去美国，这是对我的认可，更是对大家工作的认可。我去美国，不需要带什么行李，但是，一定要带上你们这帮朋友对待工作的这种执着和热忱，还有钻研工作的那股精气神！"

既懂得为自己"造势"又能把对方放在心上的人是最智慧而高明了。这位主管在一段短短两百余字的发言中，连续三个转折，既见自豪，又见谦虚，最后把一切归功于身边的朋友和昔日与自己共同奋战的员工，怎能不令人喝彩呢？

浑身是铁，又能打几根钉？不管你高就异国，还是荣升故里，不要忘记陪伴你一同成长的贵人们。此时，无须多言，说几句好话，得到的不只是表面的掌声，更是内心的赞誉。

要想深入打动他人，就要多讲为他人减轻心理负担，去除心中疑虑的好话。

宋方凯前些日子刚升任他们公司的主任就遇到了一个棘手的问题。宋方凯下辖的员工王安是企业骨干采购员，又是采购处主任的最佳候选人，平时工作勤勤恳恳，但就在最近，一封举报信将他的工作热情打击至冰点。原来，有人举报王安暗地做假账，并收受贿赂。

公司总部为了稳定大局，不得不将王安停职观察。王安不堪其辱，于是向上司宋方凯递交辞呈。就在此时，监察部门传来好消息——经调查，此事系无中生有。尽管已经真相大白，但是王安说什么也不愿意再担任采购员了。

三天后，作为相处没几天的新上司，宋方凯找到王安。宋方凯十分诚恳地对王安说："这几天，我多处物色采购处主任的适合人选，但是采购这项工作要做好，确实不太容易，能像你这样让我放心的得力骨干，还真是不好找。你不在的这几天，采购处的工作一塌糊涂，所以我今天来，就是请你回去工作的。我刚接手工作，特别需要你们这些骨干，我希望我不会看错人。我向你保证，以后，我绝对不会让你们再遭受这样的委屈，也希望你能相信我这个新领导。"

第二天，王安便恢复了自己的采购工作。

美国的一位著名社会活动家曾推出一条原则："给人一个好名声"，让他们去达到它，他们宁愿做出惊人的努力，也不会使你失望。上例中，王安遭到别人诬陷后深受打击，不愿意再做以前的采购工作。面对公司采购工作的瘫痪，刚接手新职务宋方凯也万分着急，他出面劝说，把好话说尽，以"王安离职后采购工作瘫痪"为由头，肯定了王安以往的工作业绩，更激励了王安不甘落后、继续奋斗的热情；最后，他以不会看错人为期许，召唤王安回公司，还表明了自己未来开展工作时公平公正的决心。这些话语，消除了王安心中的疑虑，令王安欣然恢复工作。

作为领导，特别需要那些经过企业和市场考验而"存活"下来的老骨干。这些人工作能力强，而且有一定的人脉影响力，把他们留在身边，会让你的领导力和凝聚力增强。所以，要特别关注这些人的感受和工作状态，瞅准时机，找他们谈谈心，说几句好话，就可以赢得人心。

把好话说在前面，这里的好话是指能打消对话者心中疑虑或者能激发其执行激情的话语，并非无原则的软话。以下提示值得注意：

1．不要为了打消员工的疑虑或调动员工情绪，而破坏原有的公平原则和机制，更不可信口开河，给出无法兑现的诺言。

2．不要为了挽留老员工而得罪新员工。好话不是亏心话，最好把话当众说开。

4 补充性讲话，要后“声”可畏

作为领导，经常需要在会议期间对员工发表的各类讲话进行总结性、补充性讲话。补充性讲话具备多种功能，既是会议的总结陈词，也是对前面员工发言的一种全面诠释，是对员工提出问题的解答，也是对员工所思考的问题的纠偏。所以，补充性讲话应该注重内容和方法，有的放矢，才能提高“补台”效果，做到后“声”可畏。

补充性讲话要以点带面，让会议内容更明晰。有时，前面的讲话者对自己所提出的问题并没有讲述清晰或没有阐明要点，这时候，领导应针对前者发言进行补充和说明，讲明观点，说清重点，强调关键，消除模糊，加深印象。

以浅求深，使会议精神意旨深远。在会议发言者中，或本身演讲水平有限，或因演讲时恐惧紧张而丢三落四，或视野低和角度窄，导致理论逻辑性欠佳，让会场气氛热度不够甚至低落时，作为总结发言的领导，应该做深层次、高水平的补充讲话。

高考监考培训会上，冗长的会议流程让常年参加监考的老师感到很疲倦，而一位干部发表了诸如“为家长负责”“谁出了差错谁弱智”这类令人厌烦或反感的话，让会场的气氛变得更加沉闷。

看到这种场面，招办李主任讲道：“大家都是久经考验的钢铁战士，我相信大家对高考监考的重要性早已铭记在心。最后我强调三点：一是守时，二是守纪，三是规范操作，杜绝随意发挥的‘创新’之举。在考场上以不变应万变，有问题随时与考务办沟通，既要严格按守则监考，又要学会对考生进行人文关怀。感谢大家在百忙之中参加高考监考工作，愿我们携手共进，圆满地完成这次监考任务。”

高考监考培训会议主要是通过学习监考手册提升监考教师的责任心，而不是用那些“献礼”的话或者“弱智论”进行思想教育。李主任的补充讲话言简意赅，重点突出，既有热情的鼓励又有严格的要求，起到了很好的“补台”作用，达到了预期的目标。

某大学要组织学生党员参加“三下乡”活动，党支部王书记召集了院系的大学生党员开会讨论。大家一致决定去当地的敬老院，关爱孤寡老人，并讨论了在敬老院的一些具体工作。有的说教老人唱歌，有的说给老人画画，有的说陪老人跳舞，有的说给老人吹笛子……乍一听精彩纷呈。

最后，王书记总结道：“同学们有没有考虑这个问题，老人为何会选择去敬老院休养？除了儿女不在身边或者无儿女赡养十分孤独之外，还有一个原因，就是敬老院里清静，所谓老人需要静养，就是这个意思。我们搞得热火朝天，那些老人能吃得消吗？吹拉弹奏一起，会不会太吵闹？所以，我觉得应提前去做些考察，摸清老人们的兴趣爱好……”王书记这么一说，大家才知道自己的考虑是不甚周全的。

以全正偏，使会议安排更全面。有时候，领导在部署工作方案时，会有调研报告会，领导也会在大会上让各位参与者发表看法，集思广益。这种情况下，难免有些人的调查研究有失偏颇，讲不全面，讲不到位，对此，领导就应进行补缺求全的补充。上例中，王书记针对大家的讨论，发现学生党员们只是正向地进行思考，想当然地选择自己认为有益的活动，都是想着如何去“表演”自己的角色，而忽略了“观众”——敬老院的孤寡老人们静养的需求。这里，王书记没有跟着他们的思路走，而是从老人的角度去考虑这些活动的可行性，对学生们的建议进行了要做好负面效应的准备的补充，使活动计划更周全。

美之韵中美合资制衣公司春节前突然接到一笔国外大订单，不得不加班，为了赶在春节前保质保量按时完成任务，公司召开了动员大会。

一听到有加班任务，而且是在春节前，很多员工就不乐意了，虽然加班费提高不少，但大伙儿仍有畏难情绪，一是任务重，二是很多人怕影响到回家过年。

听到大家的议论后，质检部的张经理走上台给大家鼓气：“大家担心任务重难以完成不是没道理，然而这可是提升我们公司知名度的好机会。还记得去年我们在极度困难的情况下出色地完成了那笔美国订单任务的火热场面吗？正因为有大家的精诚合作，公司的效益才能快速增长。虽然这次提升了加班费，但与牺牲大家的休息相比完全可以忽略。至于回家的车票公司会派专人给大家办理，不会耽搁大家回家过年！如果谁真的有困难不能加班，公司绝不会对他有什么偏见。

如果实在难以完成任务，我们可以把任务分给别的公司，可到时候恐怕大家又要责怪公司把抢来的蛋糕分给别人，是不是？”

以情言志，让与会人员激情勃发。在部署新工作或者动员类会议中，有些领导为了完成工作要求，强派任务，难免会让与会者产生畏难抵触情绪，这时候，补充讲话者就要多讲些激励人心、鼓舞士气的话语。针对大家的畏难情绪，上述案例中的张经理用昔日的辉煌战绩来激励大家接受挑战，巧妙地找到了激发员工斗志的催化剂，而且用把蛋糕分给别人的假设进一步刺激员工的士气，同时保证要给大家办理回家的车票，解决了员工的后顾之忧，张经理的补充讲话由于“励”字当头，很好地调动了员工加班的积极性。

不管哪一类型的补充性讲话，都是有规律可遵循的：

1. 补充讲话者都应该配合会议主题和基调，不要唱反调，也不要起高调。

2. 补充不是重复，不要把别人嚼过的馍再嚼一遍，或者反复重弹旧调。

3. 可以不同意前面发言者的言论和逻辑，但不要当众出口伤人，制造紧张气氛。

4. 发言不要随心所欲，信口开河，更不要强派任务，强推责任，离间人心。

第2章

话语要有说服力

作为一名领导，不论是部署工作任务，还是视察工作，提出指导意见；不论是寻求商业伙伴、投资人，还是提拔身边亲信，说话有说服力是一项必要而强有力的技能。这种技能，是成功的领导者最应该掌握且能无限发挥作用的技能。

那么，应该从哪些方面提升话语的说服力？我们当扪心自问：

1. 说话是否以事实为依据和基础，是否用事实说话。
2. 是否将问题的利弊关系分析透彻，让人听后明辨是非。
3. 能否做到不偏不倚，说话公正客观。

如果回答以上问题时你一直摇头，只能说明你还没有真正适应领导者的岗位要求。

1 列举的事实是说服他人的最好素材

一位妻子对丈夫管得很严，规定每月工资如数上交。女儿看不过去，对妈妈讲了一件事："我们学校的梅丽普被人绑架了。"

"是因为什么呢，宝贝？"妈妈紧张道。

"因为她爸爸有钱，那些人想勒索一些钱。不过，您不用担心我，他们不会绑架我的。"

见妈妈疑惑不解，女儿继续说："爸爸的钱都如数交给了妈妈，人人都知道他是个穷光蛋，绑架我又有什么意义呢？"妈妈听后，若有所思。

俗话说：事实胜于雄辩。这位女儿在说服自己的妈妈对爸爸"法外开恩"时，故意用最新发生的校园绑架事件做引子，引起妈妈的注意，然后再摆出自己的爸爸是穷光蛋的事实，说明了自己不会被绑架的原因，让妈妈在紧张的话语中，听出弦外之音。小女孩又是实事求是，妈妈只能哭笑不得。

作为公司的领导，我们在与人交流时，如果对方表达了不甚恰当的观点，我们能引用与之相应的事实，作为说服对方的依据，就能使话语更加深入人心。那么，我们该如何引用事实去证明自己的观点呢？

有一位著名的书画僧人游历全国，为推动佛教事业的发展壮大做出了贡献。有个老太太痴迷信佛可以消灾延寿，甚至生病也不去医院，天天到寺里祈祷。僧人见到日益消瘦的老太太，心生恻隐，便劝她去医院就诊。老太太不高兴地说："法师，我是虔诚的，我相信会有菩萨保佑我，让我恢复健康的。"

这位僧人没有同她争执什么，而是拿出一沓医院就诊单，说："老人家，我对佛也很虔诚，但是我不迷信佛。这些单子都是我生病后去医院就诊的单子，如果拜佛有用，我也没必要去医院了。"

老太太听后，若有所思地点点头。

引用真实物证去警醒执迷不悟者。法国思想家罗曼·罗兰曾言：问题在于用事实证明有理，没事实，有理也不值一文。老太太痴迷信佛能治病消灾，僧人长篇大论地讲道理显然是多余的，所以，他没有当面否决，而是拿出自己的就诊单去证明自己的观点，事实物证摆在面前，老太太自然能够幡然醒悟。

事实可以证明一切，时间可以压倒谎言。所以，在开展工作时，遇到执迷不悟的下属，我们不妨拿出真实物证，让对方眼见为实，对方自然心服口服。

安王十五年的一天，魏武侯和群臣乘船游西江。船行至风景秀丽之处，他对身边的吴起等大将吹嘘说："看，我的江山可真是险要壮丽啊，这等河山固若金汤，正是我魏国瑰宝啊。"

吴起听后说："从历史上看，从前的三苗氏左边有洞庭湖，右边有彭蠡湖，可谓地势险要，但领导者昏庸无道，执政者无德，最终被夏禹所灭；夏桀国土有黄河、洛水，还有泰山、伊阙山，地势相当优越，可君主偏也不施仁政，后被商汤消灭；而殷纣国王也不施仁政，被武王所杀。依此可见，国家要稳固，在于施行仁政而不在于地势险要，还是应该多修德而少依赖天险啊。”

魏武侯听后，恍然大悟，连连说：“吴起将军所言极是！”

引用历史事实去纠正偏颇观念。对于魏武侯的偏颇之词，吴起列举三苗氏、夏朝以及商朝的例子，这些国家虽地势险要，但君王不施仁政，从而导致国家灭亡。吴起用一系列历史事实进行佐证，取得了说服效果。所谓以史为鉴，引用历史事实，更能说服对方。当然，摆事实不是说服者的专利。有些人为了巩固自己的观点，也会列举一些事实进行佐证，此时，如果要直接反对，定会阻碍正常沟通。如果我们也列举一些同类型的实例来为自己的观点“帮腔”，会更奏效，且看琼瑶的小说《在水一方》中写道：

杜小双和卢文友到新竹名为访友采风，实为郊游玩乐，回来后，诗卉询问杜小双探访了哪些朋友写了哪些文章时，杜小双解释道：“您不知道，这些日子以来，卢文友总是写不顺手，他写一张，撕一张，就没有一页他自己认为是满意的。他说工作太累了。我也觉得，一大活人又不是机器，怎能成天关在小屋里，和圆珠笔稿纸打交道呢？你看杰克·伦敦因为当过水手，所以写出《海狼》；海明威自己当过军人，所有写出了《战地钟声》；而雷马克饱受战争之苦，才写出了闻名世界的《凯旋门》。这说明写作不能脱离生活经验，如果老是待在屋里，就只能写出《老鼠觅食记》了。”

诗卉听后，反驳说：“照你这么说，杰克·伦敦除了是水手之外，他还是只狗，否则他能写得了《野性的呼唤》？海明威也应该当过渔夫，所以才写出了《老人与海》；托尔斯泰一定是个女人，否则他写不出《安娜·卡列尼娜》；我们中国的吴承恩一定是只猴子，不然怎能创造出一个齐天大圣孙悟空？”

"这……"杜小双无话可说。

真是好有意思，杜小双工作未完成，却到处找理由，列举许多经历和作品相关的著名作家来进行佐证。诗卉也模仿她的思维方式，列举出其他与之相反的例子，有理有据地证明了作家经历与写作内容不存在必然联系，杜小双哑口无言也是必然。

与人交流时，对方说出的一个观点，如果该观点公说公有理婆说婆有理，那么，就可以证明对方的理论是片面的。这时候，我们能列举一些同样逻辑下产生的不同事实或结果，定能让对方放弃狡辩。

在工作中，做下属思想工作或者批评下属错误做法时，我们都应该率先遵守以事实为基础的说话方式和沟通技巧！

1．我们理论联系实际的目的是突出和证明理论的正确性，所以，在举例完毕前，最好能照应下自己的观点，让对方一目了然。

2．我们在选取事实材料时，应该注意材料的准确匹配，不要拿极端的、少见的案例说理。这说明，事实除了真实性，更要有针对性和典型性。

2　晓以利害，才能辨明是非

在工作中，有些员工很倔强、很固执，完全听不进别人的丁点劝说。面对这样倔强的人，我们怎么进攻，才能让他们点头应允呢？

其实，争锋的焦点，就是对某一事物的利与害、得与失的看法。因为趋利避害是人的天性，所以，向对方讲明利害关系，引起大家的警觉，可以增强谈话的实际效果。晓以利害，一开始就讲出事态的严峻，引起听者的注意和警惕，才能让人辨明是非得失，从而认可自己的观点。

齐桓公想尊管仲为仲父，命令群臣同意的进门后站到左边，不同意的进门后站到右边。东郭牙却在门当中站着。齐桓公不解，就问道："我想册封管仲为仲父，我已经吩咐同意的人站在左边，不同意的人站到右边，现在你站在门当中算什么呢？"

东郭牙没有回答，却反问道："主公，您是否认为凭管仲的智慧能谋取天下呢？"齐桓公说："那当然了。"

东郭牙又说："既然这样，臣可就要多说几句'丑话'了。首先，主公决策的事情是英明的，但主公想过没有？如果管仲的智慧能谋取天下、果断能够做大事，主公您因此把国家的权力都交给他一个人。这样一来，凭管仲的才能，借着您的威望，以此来治理整个齐国，主公您难道不正在配合重演挟天子以令诸侯吗？"

齐桓公这才恍然大悟，于是，他令隰朋掌管内政，管仲负责外交，二人分权，辅佐朝政。

晓以利害就要凡事把"丑话"说在前面，这样能将不利的方面分析透彻，更容易说到本质上。齐桓公认为管仲有勇有谋，想把大权全部移交给管仲掌管，这有可能造成管仲大权独揽，以此来挟制齐桓公。东郭牙看出了里面的利害关系，他先是不偏不倚地跟齐桓公分析管仲的智慧和才能，紧接着把"丑话"说在前面——如果管仲挟天子以令诸侯，到时候齐桓公会后悔莫及。丑话虽难听，但东郭牙清晰地阐述了其间的利害关系，适时提醒了齐桓公，最终促使其放弃了原来的任命，改而令隰朋与管仲分管政务，相互牵制。

晓以利害要善于引申挖掘事件背后的利害，让执迷倔强者看得更透彻。一个人一旦对某件事做出决定，再让他自愿放弃或者改变就很难。此时，我们不妨向他阐述该决定背后的隐患与后果，把利害说出来，促其自动放弃。

某市制药厂曾是辉煌一时的国有企业，但由于经营不善，濒临破产。为此，政府决定由实力雄厚的民营医药集团对其进行兼并重组。但该厂职工担心自身权益受损害，坚决反对。

在政策说明会上，一位职工代表率先发言："企业生存是很困难，但还能将就维持啊，我们几百名职工甘愿同企业一起坚守！"兼并方孙总说："大家有所不知，到下个月银行的抵押贷款就要到期，银行是有权拍卖资产，以资抵债的，那时大家就要失业，哪有'坚守'可言？请问，谁能使企业不破产？谁能使职工不失业？有高招，请拿出来！"

一阵沉默之后，又有职工代表站起来说："让民企兼并，就等于我们'国企职工'成了打工仔，以后就成了没娘的孩子了！"孙总说："大家的心情我可以理解，大家担忧企业被兼并之后，自己的'饭碗'会朝不保夕。那么，我想请问，坐等着企业破产，饭碗就能保住了吗？不管民企还是国企，都需要在法治框架和政府监管下运营，何况现在劳动保障体系不断健全和完善，我可以向大家保证，正式劳动合同一定会签，'五险一金'一样不少，'带薪休假'坚决执行！"

孙总一番话，赢得阵阵掌声，兼并重组得以顺利推进。

晓以利害要求，凡事能将不利的方面分析透彻，这更容易说到事物本质上。在上例中，面对群体性质疑，训斥制止不行，婉言相劝也难见成效。这时，兼并方孙总抓住了闹情绪的职工唯恐失业、失去国企职工身份而权益受损的担忧，晓以利害，直陈兼并重组是保住企业、留住饭碗的唯一出路，明示企业被民企兼并后职工的权益并不会受到损失，利害得失一言就明，终于打破了职工的认识盲点，为国企改革扫清了障碍。

由于每个人认识问题的程度和角度不同，而有些人会死守自以为正确的观点，所以才会出现许多“不撞南墙不回头”的人。作为上级领导，指出对方错误时要掌握一定的技巧：

1. 晓以利害的前提是控制事情往有利、有益的方向发展，而非无原则的恐吓。所以，分析利弊的前提是尊重事实，尊重正常逻辑关系。

2. 如果能引用一些具体案例或者经历，则更容易将利害关系分析透彻。

3. 晓以利害可以运用一些较为委婉的表达方式，如比喻、假设、正话反说、旁敲侧击等，在遇到脾气古怪难以捉摸的人或问题较为尖锐的情况时，可以试一试。

3　不偏不倚，做个“和事佬”

不论是工作中还是生活中，我们都曾扮演过这样一个角色——和事佬，俗称“调解员”，也就是调停争端的人。无论在家中劝和家人拌嘴，同事间曾经拉过架，化解朋友心结，还是街头劝解闹事，处处都有和事佬的身影。但是，这和事佬可不好当，说和了，皆大欢喜，是“灭火器”；说不和，说不准会被人扣上“两面派”“假惺惺”的帽子。

那么，作为领导，当手下的员工闹了别扭，我们该如何把话说得合人心意呢？

实话要说得巧妙，赢得人心乐陶陶。“和事佬”调解矛盾时，少不了对当事人双方评价一番。评价的话自然是实话实说，但实话巧说，能避免因评价不当而产生人际摩擦。

有媒体报道，李开复以《非你莫属》节目羞辱人为由，发起了“万人实名抵制《非你莫属》，抵制张绍刚”的活动，引起了《非你莫属》的“BOSS团”和外景主持人徐睿的不满，部分“BOSS”大爆粗口。为了化解这段“江湖恩怨”，曾经到节目当过“BOSS”的潘石屹当起了和事佬。

潘石屹表示：“李开复和张绍刚吵架了。他俩从来没见过面。他们从文化背景上看完全不一样，但都非常优秀。李开复倾心于年轻人的教育培养，是一个极富责任感和人情味的人；张绍刚聪明、正直，很实在，心直口快。但我相信，他们一定都有一个相同的出发点，就是去帮助更多年轻人。我希望他俩见个面，成为包容不同意见和不同风格的楷模。”

随后，李开复透露会及时赴约，张绍刚也公开致歉，潘石屹“屹压群雄”，化解了风波。

李开复因看不惯张绍刚的主持风格，两人结下“梁子”。潘石屹出面调停，实话实说。他坦言二人文化背景不同，世界观也有所不同。但潘石屹的实话说得十分巧妙，找到了二人的共同点——帮助年轻人。他用一个“希望”——“成为包容不同意见和不同风格的楷模”，点燃了两人的自尊心，和解便不在话下了。

每个人都有虚荣心，我们在日常工作中，调停双方矛盾，说话时一定要注意，实话不一定是好话，把实话变着法说，避免激起新的冲突。

丑话要说得漂亮，批得入耳也入心。为人调解矛盾要揣摩当事人心思，把难听、刺耳、不容易被人接受的“丑话”漂亮地说出来，更能使话语入耳入心。

感动中国人物获奖者杨善洲在任保山地委书记时，经常“微服私访”。一次，他刚到村口，有人叫住他：“杨书记，我爸和伯伯打起来了，您快去看看。”

原来两兄弟因为赡养父母的事没商量妥争得面红耳赤。杨善洲笑了笑说：“俗话说‘打虎亲兄弟，上阵父子兵’。你们兄弟俩当年遭洪灾的时候能够相互帮衬，共渡难关，情景还历历在目，怎么现在因为赡养老人的小事闹得反目成仇？”接着，杨善洲义正词严地说：“你们大打出手应该是为了更好地赡养老人吧？否则也不会这么撕破脸皮、自扬家丑。如果哪个狼心狗肺，早就丢下老人爱咋地咋地了。”

一番话说得两兄弟如梦初醒，随即冰释前嫌、和好如初。

常言道：树活一张皮，人争一口气。许多矛盾纠纷就是因为争一口气而引起的。兄弟俩扯烂皮，杨善洲虽是数落两兄弟，但“丑话”被“美化”了：他将两兄弟“赡养老人商量不妥而大打出手”曲解成“为了更好地赡养老人”，还特地用“狼心狗肺的人会弃老人于不顾”来证明两兄弟的孝心。这么一番深入人心的话怎能不让人顺心顺气，化干戈为玉帛？

双方矛盾激化，自然情绪紧张，可谓一触即发。作为调解人，首先想到的是安抚双方情绪。即便要说些晓以利害的丑话，也要注意方式分寸，把丑话说漂亮。

道理要讲得温情，理到情处人自醒。无理的评判即是攻击。要想让反目成仇的人重归于好，就必须做到以理服人。而且在“讲理”时要尽量将道理化成涓涓细流，春风化雨般滋润当事人的心田。

主持人浩天作为选手在参加东方卫视《舞林大会》复赛第二期时，因为最后一个动作失误，受到了舞蹈老师、评委方俊的严厉批评，方俊甚至称他“是复赛选手中跳得最烂的”。方俊和浩天各执一词，二人的矛盾升级为严重纠纷。刚“上任”当评委的赵忠祥建议双方都别太较真。

他说：“这里毕竟不是正式的国际比赛，专业评委在这有点太大才小用了。就像你以刘翔的标准来评判小孩子跨栏，这不合适，所以希望专业评委们‘别太较真’。而对于选手来说，来参赛的都是各电台的一线主持人，可能本身自尊心也很强，在工作中也很少受到如此奚落，但能够来展示自己的才艺，就已经达到目的了，也别太较真，要享受这个过程。”

听罢此话，两位当事人也不再各自较劲了。

赵忠祥针对选手浩天和评委方俊之间的矛盾，讲道理——不是正式的国际比赛，不必过分较真；摆事实——以刘翔的标准来评判小孩子跨栏不合适，坦言彼此“享受节目过程”才是最终追求。如此这般，当事人都会欣然接受。

调节双边矛盾，靠的就是把道理说清，让当事人认可你的道理，最终达成一致。而道理是刚性的，是有规矩的，如果讲道理包含情义，情理结合才会让听者心里舒服。

人并非孤立地存在，别人的事情与自己休戚相关。动动嘴儿就能为人化解干戈，为翻脸的友人“灭火”，何乐而不为？

1．即便是为下属之间的矛盾做调解，也要尽量做到不偏不倚，公正才能得人心。

2．如果是逐一调解，不要为了安抚一方，背后说另一方的坏话，甚至大肆造谣。避免自己将双边矛盾化解，而被当事双方出卖。

4 以柔克刚，抚慰下属的逆反心理

在开展工作中，领导者的决策和提议并不能让每位员工都心服口服地去执行，他们或牢骚满腹，或消极怠工，表现出一种极强的逆反心理。这时，除了及时调整工作思路之外，还应该尽力说服下属，以柔制刚，抚慰下属的逆反情绪。

以柔情克刚理。员工出现逆反心理，是因为他们看待问题的角度狭隘，只注重眼前及自身利益，抑或冲动赌气。我们在做说服工作时，应该三分讲理七分叙情，做到以情感人。

尼万斯曾是一名在苹果公司科研部门工作长达10年之久的老员工，但在苹果公司正需要人才和创新的时候，尼万斯一意孤行地离开了苹果公司。虽然总裁乔布斯百般挽留，但他就是不给面子。一段时间后，尼万斯在其他地方混得并不好，想再回苹果公司上班。在公司人事会议上，乔布斯召回尼万斯的提议遭到了人力资源部部长盖勒等人的坚决反对：“尼万斯应该为他的‘背叛’付出代价，既然离开了公司就没有资格再回来！”也有很多员工表示，如果公司录用尼万斯，他们宁愿放弃工作。

面对一边倒的反对和质疑，乔布斯深情地说：“如果赌气，我们确实不想让尼万斯回来，但赌气并不有利于我们发展。员工是公司的发展源泉，优秀的员工一旦被竞争对手挖走，不仅会给公司造成难以估量的损失，还可能带来威胁。况且，尼万斯在其他公司的工作经历，不仅使他从侧面加深了对苹果公司的理解，还使他明白了自己真正想要做的工作。所以如果允许他重返公司，他一定会对我们深怀感激，从而加倍努力工作。大家想想看，假如我们年轻气盛时，发誓要到外面去创一番事业，但当我们筋疲力尽时，亲人们却以我们外出闯荡是自讨苦吃为由，而拒绝收容我们，那该有多么凄凉？我们应该放下偏见，毕竟我们曾经一起共事过、生活过。”

乔布斯亦情亦理，亦柔亦刚，最终力排众议。尼万斯怀着感激之情再次入职后，比以前工作更加卖力。

对于尼万斯这位实力干将的“背叛”，许多员工愤愤不平，认为不应该再招录他回岗工作，这明显是意气用事。作为总裁，乔布斯从公司发展大局、尊重员工的角度阐述了重新接纳尼万斯的意义，其话语间情真意切，饱含对老员工的关爱与同情，这无疑会让在职的员工感到欣慰，化解他们对尼万斯的固有看法。乔布斯不同的视角，让员工从狭隘的思维认识中跳出来，接纳了尼万斯。

乔布斯说服成功的关键在于他抓住了听者的精神痛点，即情义，以情感人，以柔克刚。

逆反心理较强的人往往会抛出一些听似有理或大家耳熟能详的常理作为论据，这时我们可以先承接过来，缓和对立，然后再嫁接自己的观点，在温和与冷静中风度翩翩地施辩，展现至柔至刚的语言魅力。

新兵王如不主动适应军队生活，出操接二连三地迟到，连长批评他，他不仅不接受，还辩驳说："你为什么老是批评我，你没有看到我是在进步吗？我第一次迟到15分钟，第二次迟到就只有10分钟，今天才迟到5分钟。这说明我在逐渐改正错误，不仅不应该批评，还应表扬我的进步。"

连长见其强词夺理，反驳道："假如有这样一个小偷，他一天偷了人家10个钱包，被抓住后发誓要改正，于是第二天只偷了9个钱包，第三天又减少到8个。我们是否应该对这个小偷的'进步'加以表扬呢？如果他减少到一天偷一个，是不是应该对他大加赞赏，以表彰他飞速的'进步'呢"

听到连长说出如此一番道理，王如只好承认错误。

新兵王如出操迟到，却知错不改，反倒以自己在进步、迟到时间在逐渐缩短为由头强言狡辩，实在滑稽可笑。而连长正是抓住了此荒谬的说辩形式，反仿此逻辑，以其人之道，还治其人之身，巧妙推出偷盗惯犯偷盗物品在减少而该受到表扬的立足点。不仅通俗易懂，还运用反问式的语调增加了说服力，王如一听，也就只能承认错误了。

反仿的说话技巧，柔和却论述有力。当然，我们亦可以向这位连长学习，当对话者的推论逻辑存在着明显的错误时，最好的反驳方法就是模仿对方错误的推论形式，推出令对方难以接受的荒谬结论，便可以达到驳倒对方的目的。

当下属提出一些不合理要求时，不妨说出一些与此类似的事情，触类旁

通，让下属明白这个要求的是非对错，继而，主动放弃这个要求。

小勇是郭经理的秘书之一，做事干练，而且多才多艺，深受郭经理赏识。然而，有一次，郭经理收到举报，说这位得力下属收受贿赂。虽然最后得知这是无中生有的陷害，但小勇却耍起了性子，说什么也不愿意再担任秘书职务了，申请调任到一个闲适岗位。

郭经理也了解小勇的倔脾气，他对小勇说："你会弹钢琴吧？你应该明白，弹奏钢琴的时候，手腕要放松，手形要对，下琴键的时候要高抬指，不能是用蛮劲压出来的，使得声音完全压死，这样演奏出来的声音就是我们需要的音响效果。可是，我们的手腕又不能完全松懈，当你把手指的力量弱化以后，弹奏出来的声音就会非常飘，感觉不到内蕴。要弹奏出世界上完美的声响，自然不能太用力，更不能完全松懈。这世上，又有什么事不是要按照这个要求去做的呢？很多时候，我们的工作就是这个理，完全松懈后，人在职场只会奏出一首无疾而终的悲歌。如果你因为一个恶名举报就畏首畏尾，不敢在自己本身就问心无愧的岗位上工作，你还能弹出什么人生曲调？"

小勇听了经理的一番话，默默地点点头，决定继续努力工作。

有些下属，遇到困难或者质疑就想打退堂鼓，撂挑子不干。对于这类下属"自甘堕落"的请求，我们应该首先激发其积极性。郭主任没有直言批评小勇的逃避行为，而是巧妙采用触类旁通法，通过弹奏钢琴用力轻重的差异，来引导对方认知决定的错误之处，如此一来，不仅能使其改变调动的想法，同时也没有因为"批评"而给他造成消极影响。

逆反情绪的产生，主要是源于内心期待的不满足。我们在抚慰下属的逆反心理时，首先应该自检，看看是不是自己这个领导做得不够好，有没有把员工照顾好。

如果是员工自身问题，我们应该以柔克刚，不建议劈头盖脸迎头痛骂。可以旁敲侧击，或者用一些如“我能为你做什么？”“你觉得我这样调整能接受吗？”等比较友善的口吻与其促膝而谈。

谈话顺利的前提是情通理顺，所以，七分情三分理的谈话是沟通的黄金法则。

第二篇

谦恭下士　有大哥的风范才有人追随

第3章

跟下属沟通要讲究策略

沟通是管理的表现形式，有的领导得心应手，有的领导却总要跟下属反复沟通才能解决问题。那是因为有的领导把跟下属的沟通错当成了传达命令，并且将这种命令方式凌驾于正常沟通的基础之上。

“喏，又来发布命令了！”很多次，下属不耐烦地说。

“不就是个领导，有什么大不了的！”你听，下属们开始讨厌你了！

当你到了这样的交际状态时，还不注重恭谦下士，还不懂得“哄”小弟们开心，那么你接下来的命运肯定是——

“就不按他说的做，看他能拿我怎样！”这时候，你就死定了！

跟下属沟通，是精细活，要有耐心。高明的领导会把员工看作“叛逆期的孩子”，随时要做好被逆反的准备。

他们喜欢诱导推理，让沟通细雨无声却又沁润心田，他们的话语中含有浓浓的“幸福指数”……

1　类推诱导，细语无声

大银行家罗斯柴尔德的儿子问爸爸：“爸爸，我们家银行里的钱都是客户和储户的，那您又是怎样赚来房子、奔驰车和游艇的呢？”罗斯柴尔德微笑说：“儿子，冰箱里有一块肥肉，你去把它拿过来。”儿子拿来了。“再放回去吧。”罗斯柴尔德说。

儿子问：“什么意思？”罗斯柴尔德说：“你看你的手指上是不是有油啊？我们只要这层油脂就够了。客户或取或存，我们都得利。”儿子听后若有所思。

罗斯柴尔德自始至终都没有明说他是如何赚钱的，但是通过让儿子取肥肉和送肥肉，运用类推诱导，儿子已然明白了罗斯柴尔德赚钱的方式和渠道。

在与人沟通时，如果只是直接抽象地讲道理，效果往往不佳，甚至可能让对方产生逆反心理，连正常的道理也听不进去。这时，说话者不妨转变一下思路，先避开所谈的话题，巧妙选择其他事物进行推导剖析，取得对方认同之后，再顺势将其事理类推到所要说明的问题上，逐渐诱导对方由此及彼、触类旁通，理解谈话者所讲的道理。实践证明，这是一种行之有效的谈话技巧——

由“亲身经历”诱导类推，平行切入才能为对方补偏救弊。俗话说：当局者迷，旁观者清。人的思维定式是比较“顽固”的，往往不容易发生改变。要想成功说服别人，可以用自己的亲身经历作为“切入点”，通过类推诱导平行切入，更容易达到效果。

> 某全国连锁教育集团的董事长杨龙在加盟商年终工作总结大会上，听到一个年轻创业型加盟商向他抱怨：“我和我的伙伴自前年开始创业，加盟了咱们机构，我们的企业也是渐行渐稳。但最近，我筋疲力尽，我们俩每个人都有想法，却都没有付诸实践，我们越发觉得彼此合作有了分歧。”
>
> 杨龙并没有直接谈他的看法，而是给他讲了一个自己亲历的事情：“我记得小升初的时候，妹妹用压岁钱买了一条裤子准备开学穿。一试太长，请奶奶帮忙剪短，奶奶说忙；找妈妈，妈妈也说没空；找姐姐，更没空；我倒是有时间，但我不会操作。我就看着妹妹失望地入睡了。奶奶忙完家务想起妹妹的裤子，就把裤子剪短了一点；姐姐回来又把裤子剪短了；妈妈回来也把裤子剪短了，最后，妹妹那条裤子没法穿了。你说她们糊不糊涂？管理的弊端就在于，要么都不管，要么都来管！你们现在需要做的，就是决定到底谁来裁剪裤子，谁去找直尺。”加盟商听后，频频点头表示认可。

如果杨龙劈头盖脸地指出加盟商管理团队的纰漏和弊端，相信对方即便是听了，也无法深入内心。他用身边亲人的事作为切入点，看似批评家人粗心，实则是引出自己对企业管理弊端的看法，话语游刃有余，柔中带刚，一语击中对方要害，让人心服口服，触类旁通。

用“寓言故事”类推诱导，由此及彼才能使对方不令而信。寓言故事具有寓教于乐的功效，其丰富的意义和情感色彩，令一般人都容易接受其中的道理。

在一次文艺汇演的彩排期间，有一对搭档闹别扭，原来是他俩各有所长，都想在汇演中崭露头角，但限于节目效果，必须有人做出牺牲。两人商量无果，互不退让。

负责指导工作的张林了解了情况后，将他们叫到跟前说："我读过一个很有意思的故事：有一只老虎抓到一头鹿后决定要把它吃掉，鹿急赤白脸地说：'你不能吃我！'老虎愣了一下，问：'为什么？'鹿就骄傲地说：'因为我是国家二级保护动物！'老虎听罢，大笑道：'总不能为了一个二级保护动物而让我这个一级保护动物饿死吧？'说完，老虎一口就把鹿给咬死了！节目组当初选择你们俩的节目，并不是看中你们俩各自特长，而是觉得你们俩的合力大于分力。那头鹿缺乏危机感，竟被自己那点优势害死。艺术表演也是这样，有优势更要有危机感，因为彩排期间，每个人都是备选。"两人听罢，心悦诚服地点头称是。

卢梭说，在利益面前，人最容易忽略的就是分享与合作。比肩合作的搭档为了能在文艺汇演中更充分地表现自我，都不愿意委曲求全。他俩都想突出自己，却恰恰失去了两人合作的亮点和优势。所以，张林通过"老虎吃鹿"的例子，由此及彼地引出"人不能栽倒在优势上"的深刻道理，警示对方"每个人都是备选"，让原本争执的搭档醍醐灌顶，痛彻痛悟。

引"前车之鉴"类推诱导，推己及人才能与对方互励共勉。别人吃过的亏永远都是我们避免掉进陷阱的提示灯，前车之鉴，可以让人三思而行。

一次，国学泰斗季羡林被某大学邀请去参加工商管理总裁高研班毕业典礼。

当主持人请他为毕业学员送上人生忠告时，季老这样说："有个老太太望着不远处的一堵高墙，总觉得它马上就会倒塌，见有人向墙边走去，她就善意提醒：‘那堵墙要倒了，绕着走吧。’被提醒者不解地看着她，然后大模大样地顺着墙根走过去，那堵墙没有倒。老太太很生气：‘怎么不听我的话呢！’又有人走来，她又予以劝告。三天过去了，许多人从墙边走过，并没遇上危险。第四天，老太太感到有些奇怪，又有些失望，便不由自主地走到墙根下仔细观看，然而就在此时，墙倒了，老太太被掩埋在灰尘砖石中，气绝身亡。忠告提醒别人往往很容易，很清醒，但要时刻清醒地提醒自己却很难。所以说，许多危险来源于自身，老太太的悲剧便因此而生。常言道：人贵有自知之明，这值得我们共勉。”

人不自知，犹如目不见睫。季羡林先生一席话并没有过多华而不实的大道理，他通过引用一个“老太太能清醒地提醒他人却不能做到自我提醒”的故事，以此类推诱导，推己及人的话语入耳入心，听者互励共勉，可谓精当！可见，类推诱导，由此及彼，如运用得法，可使谈话双方心有灵犀一点通，并且大有让听者闻一知十、触类旁通的特效。

触类旁通，重点在“类”上，这说明领导在运用“类推诱导”这种谈话技巧时，要擅长由此及彼的类比推理。类推要符合逻辑，特别是在甄选事例时，不能牵强附会，难圆其说。只有这样，才能令人信服。

2 话语中要让听者有“幸福感”

据说美国总统林登·约翰逊1965年就职时，身边有一位年轻漂亮的女秘书。女秘书虽然人长得不错，但工作中却经常粗心出错。有时候，竟然把总统的演讲稿弄错。

这天早晨，林登·约翰逊总统看见漂亮的秘书走进办公室，便微笑着对她说：“你今天穿的这身衣服真漂亮，它把你的气质体现到完美，这样的衣服正适合你这样年轻漂亮的小姐。”这几句话从平时沉默寡言的总统之口说出后，简直让秘书受宠若惊。但没等她表示感谢，林登·约翰逊总统又接着说：“但也不要骄傲，我相信你的公文处理也能和穿衣打扮一样漂亮的。”果不其然，从那天起，女秘书在公文上就很少出错了。

人的言行是有感情的，这要求我们说话既要以理服人，又要以情动人。所以，我们在说话的时候，要注意提高听众的“幸福指数”，增加一定的感情氛围。幸福指数是一种心理体验，即人们对于生活的主观意义和满足程度的一种价值判断。而听众的“幸福指数”是指说话者的话语给听众带来的幸福感。上例中，女秘书工作的改进，原动力来自林登·约翰逊总统富含浓浓“幸福指数”的话语。

我们在与人交谈时，应该从对方的利益出发，多考虑他人的感想，让对方感觉到话语含有的温馨和幸福，这样才能更好地与人沟通，顺利进入对方的内心世界。

在美国西北部的一座小城里，有位老人有个牧场，他辛辛苦苦守护了一辈子，经营得还不错，但由于老人越来越老了，经营起来也越来越困难。所以，老人的子女坚决要求老人卖掉牧场，到大城市里生活。

转售广告登出后，有很多人来看这个牧场，由于老人经营得很好，几乎每个来看的人都很满意，而且出价也一个比一个高。

这天，有位衣着朴素的带着小孩儿的女人敲开了他的房门，有点不好意思地对他说："先生，我很想买您的这个牧场，可是我现在只有1万元。"那些前来竞价投资的商人们哄堂大笑："1万元也敢跑到这儿凑热闹，你以为这是荒山野岭，1万块钱就买个厕所吧！"老人望着这个面带怯意的女人，说："我这牧场起拍价就是6万元呀？要是您就1万元，我也很难帮您了。"女人并没有沮丧，而是望着老人真诚地说："如果您肯把牧场卖给我，我可以保证先不用办产权证，等我以后把钱全部付清再过户。即便是您把牧场卖给我，您照样可以住在这里，就是我把钱全部付清您也可以住。不仅如此，我还有我的孩子们都会陪您读报、喝茶、散步、骑马，您的生活习惯还跟从前一样。"老人抬头看了看她，内心有些动摇。女人接着说："我知道您在这儿住了很久，很留恋这个地方。您即使去了南方的大城市里，也可以随时回来，而且，我保证您的房间保持原样。如果您觉得不适应城里的生活，您也可以一直住在这里，我们绝不会收您一分钱。而且，我们会像继承我父亲的家业一样，守护您的这个牧场，不做任何破坏性经营。"

老人听完之后便点头笑了，在满屋子商人们惊诧的眼光里，老人拍板决定把牧场卖给这个女人。

上例中，女人的话语就能让老人感受到很高的"幸福指数"，她是用自己纯真的爱心、善心打动老人的，她的每一句话都是为老人着想，体现出对老人的关心，真正把话说到了老人的心坎上，给老人一种家的幸福感。这不事雕琢的朴素感情是她至情至性的爱心流露，对老人来说是最珍贵的。

让对方感觉到话语中的“幸福感”，就应该让对方感到温暖。我们在做下属思想工作时，如果能站在他们的立场看待问题，赢得对方的支持便不在话下。

语言，其实是有温度的，它可以如春雨，润物细无声。这种温度来自对一个人的尊重和理解，让对方有存在感，激发对方的自豪感，如此一来交流便会顺畅起来。

复旦大学一位女生在拍毕业照时帽子掉在了地上，低头去捡时不巧错过了合影的瞬间。虽然摄影师当场补拍了一张，可发到同学手里的却还是缺了这位女生的那张。女生去找学院要求重印所有同学的毕业照，而学院却推脱是照相馆的责任，让她自己去交涉，还认为其小题大做。

2011年7月2日，校长杨玉良在复旦大学2011级毕业生毕业典礼致辞中谈起了这件让他万分羞愧的事。他语重心长地说：“我想在座的各位都能体会这位女学生的心情。一颗没有精神家园的心灵，不可能思考自己生命的意义和价值，因此也就不可能对他人有真正的情感关切，对社会有真正的责任心。一个人的淡漠、冷漠引起了另一个人或者一批人的失望，心灵的底线一退再退，那么最后也就退到校长这里，便是无路可退。如果这样的话，那么我们怎么能够期望所有的复旦人能够自觉地去守护复旦的心灵？”杨校长话语刚落，全体毕业生起身，为这位富有人情味的校长鼓掌致敬。

对于一个毕业生来说，毕业照的纪念意义才是照片的价值所在。但是，该院领导不但不出面调停重新洗印，反而推脱责任，这是对一个人的漠视和侮辱。而杨校长的讲话恰恰体现了对每一个学生的理解和尊重，更体现了对大学精神的坚守和弘扬。他以一句假设，试问“当时没有摄入照片的是校长或书记等人，又会如何呢？”一席话说进了毕业生的心底，使毕业生为拥有这样一位富有人情味的校长而感到幸福，为校长对自己的理解和尊重而感到欣慰。毕业生听完校长的话，感受到了极高的“幸福指数”。校长赢得广大学生的敬重也是理所当然。

“感人心者，莫先乎情”，每个人都具备人世情怀、天道人心，但让这种味道表达出来，融入真诚的话语中却不是一件易事。幸福感不是无原则的取悦和承诺，而是一种体谅、尊重或理解，是站在对方的角度看待问题，把别人放在心上的谈话技巧。

增加话语的“幸福指数”，让话语由内而外感染他人、给人以爱与关怀，从而拉近与交谈者的距离，温暖人心。在动听之时，悄悄地把话说到对方的心窝里。

3 让进入思维误区的人悬崖勒马

IBM前董事长华生学业一直很糟糕，其父为了历练他，将他安置在布莱得里少将麾下担任飞行员。一天，华生的父亲准备让他接管公司，但华生却极力拒绝，因为他认为自己没能力经营好父亲的公司。布莱得里获悉后，告诉他：“你刚来我这里做飞行员，我当时感觉你真不是这块料，但后来，你的确让我大吃一惊，你是我所有带过的飞行员中，进步最大的一个。你父亲老了，你有责任去延续他的企业，你也有这个能力。我和上万人打过交道，提拔过很多优秀人才，你难道不信任我的眼光？”

将军的话让华生开始重新审视自己，他琢磨了一番后下定决心接掌IBM。

华生怀疑自己的能力、逃避对公司的接管，这是一种思想误区。将军针对华生的不自信心理对症下药，肯定他的不断进步，激发其自信心，他的话语凸显了华生的重要性与不可替代性，无疑为自卑的华生打了一针强心剂！

我们身边的下属常常因为这样那样的原因，心头抑郁难抑、顾虑重重，或裹足不前或局促不安，最终，使得自己思考和看待问题的方式进入误区。这时，就需要我们及时用得体的话语去为对方“拨乱反正”。那么，怎么说，才能让进入思维误区的人悬崖勒马？

当身边的员工或朋友，经历某些失败打击后，会反映出逆反情绪，或者备受打击，一蹶不振。我们应当从正面解读事件本身，赋予正面的寓意，从而让他们欢欣鼓舞，心潮澎湃。

言明对方的实力，融化对方偏执坚冰。有些下属受过某种打击之后，总是一朝被蛇咬，十年怕井绳，或者为了避嫌，不再触碰某些领域。这时候，我们应该予以引导，疏通这种闭塞思维的坚冰。

凤凰网报道，房祖名破天荒为成龙创作电影《十二生肖》主题曲《*I Don't Want No Trouble*》！一直以来拒与“靠爸族”“妈宝族”并列的房祖名首度为成龙的电影创作音乐。

其实，成龙在策划拍摄《十二生肖》时，就曾邀请儿子房祖名为电影创作主题曲。而房祖名却断然拒绝：“咱们不是说好的，我自己先靠自己打拼？我不想被人说成啃老族。”

成龙与其促膝而谈："这是我从影以来的第101部作品，很有可能是我最后一部动作大片。我不可能拿自己一生积攒下来的声誉来随便练手，我之所以要你配曲并非因为你是我儿子，而是我相信你有实力把这首歌写好。演艺圈向来不乏父子档，著名的就有李小龙、李国豪父子，难道所有的父子合作都是啃老吗？"

房祖名听后，若有所思。最后，房祖名以《警察故事》《醉拳》《我是谁》三部电影音乐串联再加入创作新曲，父子情深表露无遗。

房祖名因害怕自己"龙太子"的身份被人过度解读，而拒绝跟父亲合作。这是一种思维方式的误区，成龙在邀请儿子为自己创作主题曲时，道明自己的真实想法：一是这很可能是自己最后一部动作片，请儿子写歌意义非凡；二是让房祖名写歌是基于他的实力，并且言明自己不会拿一生的声誉开玩笑，说明成龙是经过深思熟虑才找房祖名作曲的；三是列举相应事例，一举融化房祖名心头坚冰，扭转了其错误偏执的思维，成就父子合作的佳话。

每个人因为自己的认知、视野或境界等因素，都会存在着一定的思维误区。我们在说服他人走出这些误区时，如果能细心观察导致其偏执或迷茫的原因，就能对症下药。这样，才能让进入误区的人悬崖勒马，避免其撞了南墙才回头。

一位小有名气的诗人写了不少的诗，可他还有相当一部分诗没发表出来，也无人欣赏。为此，诗人很苦恼，就向一位禅师诉说。禅师指着一株茂盛的夜来香，说："夜来香夜晚开花，并无人注意，它开花，只为了取悦自己！"诗人吃了一惊："取悦自己？"

禅师解释道："白天开放的花，往往引人注目，能得到他人的赞赏；而夜来香，在无人欣赏的情况下，依然独自开放，独自芳香，它只是为了让自己快乐。一个人，难道还不如一种植物？许多人，总把自己快乐的钥匙交给别人，自己所做的一切，都是在做给别人看，让别人来赞赏，仿佛只有这样才能让自己快乐起来。其实，一个人，只有取悦自己，才能不放弃自己；只有取悦了自己，才能提升自己；只有取悦了自己，才能影响他人啊。”

诗人若有所思地点点头。

是啊，我们为什么总是习惯于把自我快乐的钥匙交给别人呢？我们每天踏踏实实做事，难道就是为了获得别人几声赞美吗？我们的心灵被物欲充塞，灵魂被诱惑勾引，还怎么能保持自我呢？禅师托物言志，扭转了诗人的误区，让他重新审视自我，让诗人明白了摒弃非我的诱惑干扰，一步一步修炼自己，不断自我超越，芳香必将溢满世界！

我们说，治病需治本。我们要想成功说服进入思维误区的人悬崖勒马，应该看准对方的关键症结所在，要做到这一点必须深度了解他人信息和心理：

1．例证法，举出相关案例，轻松说服。

2．思维认识进入误区的人容易钻牛角尖，我们应该注意说话的方式和场合，对于这种人，我们可以连续问“三个为什么”，然后追因溯源，强调事物发展的因果联系。

4　说透不挑明，听者心领神会

一个有钱人对爱因斯坦抱怨：“我十分不快乐，谁都不喜欢我，他们说我太自私小气。可是我的遗嘱已经写好了，要把我所有的财产捐给一家慈善机构。”

爱因斯坦说：“有个牛和猪的故事，也许可以给你一点启示。有一头猪到牛那里，对牛抱怨：‘别人总是说你很友善，这点倒也没错，因为你给他们牛奶。可是他们从我身上带走的东西更多啊，他们得到的香肠、火腿、咸肉不都是我的吗？连我的猪蹄子都拿去炖了！可是，我还是一只让人讨厌的猪！’牛想了一会儿说：‘可能是因为我活着的时候就给予他们了。’”

有钱人听后若有所思，从此，他乐善好施，快乐了起来。

爱因斯坦说的这个寓言故事的用意很清楚：行善要从当下做起，从点滴做起。他虽然没直接告诉有钱人如何才能快乐，却借用猪和牛的故事，让有钱人听得明明白白。

点到为止，水到渠成。工作中，跟下属之间谈话，有些话不必说得太直白，只要你能把事理说透，对方一样能够领会，甚至味道和效果更佳。

有个年轻人拜一位剑术大师为师。学习了一段时间后，徒弟问大师：“我努力练习多久能成为高手呢？”大师说：“10年。”

他又问：“如果我不吃不喝不睡觉24小时不断地刻苦练习，需要多久呢？”大师说：“30年。”

“为什么呢？”

“因为你忘记了做这件事的乐趣所在。就像品一道菜，尽管你已经吃得很厌烦了，但是你还要告诉自己再吃一口、再吃一口，表面上你在不断地学习，而实际上你的心早不在菜上了。那么你的技艺会提高吗？你能悟透味道的境界吗？”

徒弟若有所思。

徒弟渴望通过刻苦练习早日成为用剑高手，面对徒弟的执着，大师没有直白地警告徒弟：没有兴趣支撑的机械学习最终是难以成才的。而是把学习用剑比喻成品尝美食，说明只有用心去学才能有所造诣，一番话点到即停，让徒弟心知肚明，端正了学习态度，开始沿着正确的道路走下去。

褒而不扬，让对方肃然起敬。不管是褒扬下属抑或是自我欣赏，应该做到褒而不扬。即表扬下属时，不让对方因表扬而沾沾自喜，骄傲自满；自我欣赏时，也不要落下自负的嫌疑。

一次，伊能静在参加李静的电视访谈节目时，李静问她："作为台湾地区的艺人，近年你的工作大多集中在大陆。可是，你经常对大陆方面的一些热点话题发表比较犀利的观点，大家都说你很勇敢，难道你真的不害怕因此影响到自己的事业发展吗？"

听了李静的提问，伊能静微笑着说："真正的勇敢，不是说你不怕，我觉得，不怕的人是无知的，无知者无惧。我觉得真正的勇敢是你明明能感受到自己的怕，但是你仍旧不会因为一些外在的利害关系而让自己停下来，而是继续前行。因为里面有你应有的责任和义务，这样才叫作勇敢。我也害怕，但我希望自己是个勇敢的人。"

伊能静的一番话，让李静肃然起敬。

伊能静跨界说话，是真勇敢还是假勇敢？面对李静的提问，伊能静并没有乘机大谈自己是如何无所畏惧，如何义字当先，而是坦白地告诉大家：自己内心是害怕的，但自己仍会害怕着去做。一番平和而不失铿锵的言语，让人们看懂了伊能静这个艺人那颗在发展自己事业同时而不忘兼济社会民生的朴实之心。

引而不发，让对方心领神会。有时候，在公众场合，不适合当面提出意见或建议，我们通常会使使眼色，但不一定都能奏效。这时，旁敲侧击，巧妙引导就尤为重要了。

秦始皇在位期间，有一次宫中设置酒宴，优旃看到在风雨中站岗的卫士，十分怜悯他们，告诉他们："如果你们想要休息，一会儿我叫你们时，你们要很快地答应我。"卫士们答应了。过了一会儿，宫殿之上的众臣向秦始皇祝酒，高呼万岁。优旃靠近栏杆旁大声喊道："卫士！"卫士们齐声答道："有。"

优旃说："你们虽然长得高大，有什么好处？还不是只能站在露天淋雨。我虽然长得矮小，却有幸在殿内休息。"

秦始皇听了优旃对卫士所说的话，知道他是在婉转地劝谏自己宽待卫士，于是下令让卫士减半值班，轮流接替。

面对风雨中的卫士，优旃没有直接劝说秦始皇去体谅卫士们的辛苦，而是在引起大家对卫士关注的同时，以对比的手法，点拨皇帝："我们在屋里享受生活，而身材高大的卫士正在室外为我们的安全护航。"听到这个"引子"，不用优旃明说，秦始皇很快领悟到他的意图，当即减轻了卫士们的工作负担，使大家有充分的休息时间。

评而不批，让对方茅塞顿开。如果在某些失误面前，我们无权直接批评过问，不可以贸然评论，以免留下站着说话不腰疼的把柄。这时，我们可以简单评论，而不表明批评态度，也会达到相同的表达效果。

西班牙皇家马德里足球俱乐部把自己在青年训练营培养的优秀人才都卖给了其他俱乐部，靠购买球员来充实一线的顶级联赛。

记者问巴塞罗那俱乐部的球星法布雷加斯："你对皇家马德里俱乐部的做法怎么看？"法布雷加斯说："每个俱乐部都有自己的运营理念和文化。有的俱乐部拥有不少从一而终的球员，而有的俱乐部则靠'流水兵'打天下。巴塞罗那的球员虽然不是很成熟，但经过一段磨合期后，在比赛时队友之间配合得很默契，所以抓住了很多机会，赢得了很多比赛。将来，我们会同样多进球、多赢比赛。皇家马德里虽然购买了很多顶尖的球员，但是在场上他们相互不熟悉，多次出现失误。而等到熟悉之后，不少球员又会被俱乐部卖掉然后买来新的球员，这样，他们之间又要重新适应和磨合。”记者当即明白了法布雷加斯的意思。

面对记者的提问，法布雷加斯评而不批，他没有直言皇马的做法错在何处、弊有多少，而是在认同经营理念不同的基础上，将双方球员在赛场上的表现情况和比赛结果两相对比，大谈磨合的好处。聪明的记者从中明了：只有重视队员的情感培养，才更有利于俱乐部的长久发展。

说话贵在使人明了，所以不可固守“言语直白”这条路线。换个方式，只要把事情说透了，不但能说得更有滋味，而且更能把话说到对方心里去，打动对方。但是要注意的是：

1．评而不批不等于指桑骂槐，不能暗箭伤人。

2．引而不发或褒而不扬等，不可以太拗口难懂，让人不知所云。

3．不要为了制造“说透不挑明”的语言效果，而不平铺直叙地玩神秘感，这样反而适得其反。

第4章

雅量是领导力的代名词

或许，你能在最短的时间内找到市场上第一流的人才队伍；或许，你可以将每个贤才的长处与岗位的各种硬性要求进行完美的匹配。那么，你是否能够让这些高素质人才在一起长时间高效率地合作呢？

这不仅仅是给予员工充分的酬劳答谢就可以解决的，真正的团队凝聚力应该重点体现在领导者的个人魅力上。

雅量，这是对一个领导由内到外的全面要求。具备雅量的人，可以容人失，容人过，可以给他人充分的信任，让追随者有更大的自信去执行各种任务。

所以，就很多情况而言，雅量就是领导力！

1　功劳面前，“怎么说”得人心

一切真正伟大的东西，都是淳朴而谦逊的。谦逊在古今中外都是被推崇的美德。“谦”是高明的成事之基，世界上凡是真正的伟人俊杰，面对外界的赞誉，无一不是谦逊恭谨的人，无一不是以谦恭成事的人。

在阿里巴巴第七届网商大会上，创始人马云在回忆阿里巴巴创业历程时说：“虽然公司是自己亲手所创，但我没有写过一个代码，没有卖过一个客户。如果论功行赏的话，我只占10%的功劳，30%是阿里巴巴员工努力，10%为这个时代赋予，10%媒体瞎炒……真实的马云和阿里巴巴没有媒体所说的那么厉害。阿里巴巴成功和自己无关，但如果阿里巴巴哪一天失败了，一定是因为我在关键时刻时没有坚持原则。”

俗话说，有粉要擦在脸上。阿里巴巴能有如此辉煌业绩，创始人马云当然居功至伟。但是面对功劳，他表现得却很低调，不但高调赞扬员工的付出，更是居安思危，让自己始终保持清醒头脑。一番妙语，显示出马云面对功绩的淡定和明智，由此博得众人的赞誉。我们一般都会讨厌那些吹嘘和夸大自我的人，像马云这样见功不眼红，谦逊低调的话语，反而能为其做的事锦上添花，让其形象增色，赢得人心。

首先，面对盛誉，要淡化给予，突出所获。赠人玫瑰，手有余香。

在帮了别人后，与其耿耿于别人亏欠了自己，不如暂时放下自己的付出，想想自己从中的所得所获，这样的话才是有情有义，才能感人至深。

我国著名京剧巨匠梅兰芳能享誉世界，固然与其无与伦比的才华密切相关，但更少不了在幕后为其进行编剧创作的齐如山。齐如山为梅兰芳改编旧戏，撰写新剧，设计唱腔、动作、表情，但他始终甘居幕后。谈到自己对梅兰芳的作用与影响时，齐如山亦是不表功不自傲："戏编的好坏，自然重要，但主要还在于表演者。我所编的戏，他都演得很好，这说明梅兰芳演技精湛，剧本的出名是由他演出来的，至少对剧本能出名帮助很大。说到我帮梅兰芳的忙这一层，实实在在我也帮了他二十多年，固然我帮助的力量不小，但我的名气也是由梅兰芳带起来，他的名气到什么地方，我的名气也就被彼处知道了，这不是他帮助了我吗？"

尽管为梅兰芳的成名立下了汗马功劳，但默默无闻于幕后工作的齐如山不但没有主动到处宣扬自己的付出，而且当他人谈及此事时，他仍然能够淡化自己在帮衬梅兰芳时的功劳，把绝大部分功劳都推还到梅兰芳身上，并回过头来说起自己如何因此而名气在外。话里话外，充满感恩之心，表现出他与梅兰芳之间纯真、坦诚的友情，从而感动了大家。

其次，要分功及人，让功得道，得道多助。明朝文学家吕坤曾言：自私自利之心，是立人达人之障。面对功劳和奖赏时，学会分享，记着别人的付出，让大家都享受到功劳的雨露滋润，才能让人敬重。

战国时期，魏国大将公叔痤跟韩、赵联军在浍北决战，俘虏了赵国大将乐祚。魏惠王很高兴，特别到城外欢迎公叔痤的凯旋，并赏赐给他良田万亩。

公叔痤一再辞谢说："士兵们勇往直前、不怕牺牲，这是吴起将军训练的结果，跟我的指挥无关；能够预先分析和占领险要地形，并充分加强重要地区的防御设施，使三军将士知道自己在做什么，那都是巴宁和爨襄的能耐；立下赏罚的标准，使军民将士和百姓坚定不移地执行，这是大王英明的法典。把握攻击敌人的良机，猛捶战鼓激励士卒，这才是我所做的。大王如果是因为我不知疲倦地擂鼓助威而赏赐我，我还可以接受，但是如果您认为我在战斗中建立了辉煌的业绩，那我是万万不敢接受的。”

“说得好！”魏惠王说罢，就派人寻访吴起的后裔，赏赐良田二十万亩，巴宁和爨襄也各得良田十万亩，另外又加封公叔痤良田四十万亩。

公孙痤率军出征，立下大功。面对魏惠王的赏赐，他没有沾沾自喜、照单全收，而是一五一十地分析了日常训练水平、战时防御准备、军规的制定以及两军对垒时的士气等取胜因素，并一个不落地指明造就这些成功结果的有功之人。公孙痤分功及人，让功得道。一番话语，既能让曾经与其合作过的人感觉其不忘旧恩，也让现在帮助过他的人得到实惠，感恩戴德。可谓得道多助，赢得魏惠王的赞许也是预料之中。

最后，要放眼全局，归功团体，照顾每个人的面子。一根筷子容易折，十根筷子坚如铁。作为集体中的一分子，面对功劳，要学会放下小我，放眼全局，这样说出的话，才能得到大家的拥护和支持。

2011年亚洲女排锦标赛中，教练俞觉敏带领中国女排以3比1力挫日本女排，继2005年亚锦赛捧杯后，时隔六年再度夺冠。比赛中，主攻手王一梅频频突破日本队的严防，重扣得分。2007年、2009年亚锦赛中国丢掉冠军时，王一梅都没参赛，而在王一梅参赛的情况下，中国从未丢过亚洲冠军！赛后记者采访她说：“日本是世界上最好的防守球队之一，你能在每次和日本队的交战中都得到全队最高分，保证了队伍获胜，可以称得上是日本队的克星了。日本队都被你打怕了吧。”

王一梅俏皮一笑说：“我没有你说得那么神啊。我就是一个特简单的人，甚至说笨也不为过。如果没有俞觉敏教练的培养和信任，我就没有机会站在比赛场上；如果没有队友给我喂球，我这么猛打猛冲，还不是净往人家枪口上撞吗？说一千道一万，请你们多关注中国女排，才是正理，我才真的脸上有光。我觉得，日本队不是怕我这个主攻手，是怕我们中国队上上下下所有人。”

在和日本队的历次比赛中，王一梅凭借过人能力，连连扣球得分，为球队每次胜利立下头功。面对记者的赞誉之词，她没有眉飞色舞地夸耀自己的表现如何出色，而是从全局出发，谈了整个队伍的密切配合、协同作战形成的巨大气场对对手所起到的震慑作用。

尽管你是有功之臣，但别人也同样付出了，也有功劳，所以，获得业绩、论功行赏时要注意：

1．面对功劳说话时，你要想着别人的好，少谈自己，多肯定别人。这样，即使付出的人没有享受到功劳，也会因为你的话语而受到安慰和鼓励，同时也会感激你和拥护你。

2．作为一名领导，贪功掠功只会让下属不齿。在功劳面前，推功及人，承认集体成员的重要性，更有利于团结身边的下属，形成自己的力量。

2　兼听则明，多少才能博采众长

“走自己的路，让别人说去吧。”这句广为流传的名言，多少有些偏颇，起码抹杀了兼听则明的必要性。俗话说，当局者迷。唯有兼听旁观者的谆谆告诫，才能博采众长，择善而从，破解当前问题！

大将陈豨联合匈奴造反，激起刘邦的好胜心，他准备御驾亲征。派了使者去匈奴兵营探听虚实，使者们怕刘邦责骂胆小怕事，回来都说匈奴兵马老弱残疾，不堪一击。

刘邦派娄敬去看，娄敬回来却说：“两国应节制交兵，彼此威慑对方就可以了。但匈奴却反其道而行之，这一定是能做到却装做不能做到，我认为不能进攻匈奴。”

刘邦听后大光其火，斥责娄敬是在长敌人威风，灭自己志气，下令将他囚禁。之后率领精锐部队挥师直进，却陷入了匈奴冒顿单于的十面埋伏。刘邦痛定思痛，才明白娄敬的看法是多么明智！

东汉王符在《潜夫论》提出：“君之所以明者，兼听也；其所以暗者，偏信也。”当局者刘邦偏信，导致其兵败白登山，他后悔没有听取娄敬的建议。

现实工作生活中，我们喜欢听那些符合自己主张和喜好的话，而对那些唱反调或与自己意愿相左的话，则漠然视之，甚至极端排斥。这就容易使我们偏执己见，一意孤行，导致自己走向失败。

19世纪30年代，一名中国商人把瓷茶杯运到欧洲。虽然杯子的外观、质地得到欧洲人认可，但他们只看不买。商人百思不得其解，最后准备放弃欧洲市场。

这时，一名叫稻本一男的人登门献上自己的设计稿。商人的助理看罢其设计后，劝道：“他把杯子设计得不伦不类，真是对中国瓷茶杯的一种侮辱！”商人听完助理的建议并没有赶走稻本一男，而是诚心地对他说：“请您再详细介绍下设计吧。”

稻本一男说：“传统的中国茶杯杯口一样高，而欧洲人鼻子大，喝水时，须仰头才能喝完杯里的水，用起来非常不便。把杯口设计成斜口，问题就解决了。”商人听罢，觉得在理，便采用了该意见。

其后，斜口的中国瓷茶杯一上市，就供不应求了。

不偏听身边亲信，应兼听旁人言论。在工作生活中，我们往往都会对身边亲信的话语深信不疑，不愿意接受外人的建议，而商人广纳善言，明辨是非，从而获益。

诸葛亮曾言：集众思，广忠益。集中众人的智慧，广泛吸收有益的意见，能取得更好的效果。如果商人只偏听其助理的建议，就拒绝采纳稻本一男的设计的话，那么商人必定会失去一次商机。

据说拍摄《杨善洲》时，导演董玲叫众演员看试镜录像，大家都在赞扬李雪健饰演的杨善洲表演到位时，一个看热闹的小孩说：“杨善洲的衣服有问题。”

李雪健听后顿收微笑，问同行：“衣服哪里不对？”大家一致摇头，有人说：“您是表演家，孩子毫无表演基础，都是瞎说。”

这时，李雪健亲切地问孩子：“这衣服有问题？”“照片上杨善洲的衣服是旧的，您穿的是新的。”

孩子也就随口一说，李雪健却陷入沉思。“外行都能看出的问题都是致命伤！”他让剧组找了一件破旧泛白的蓝布衣裳，果然，再次试镜，效果逼真多了。李雪健版的杨善洲，一经播出，反响不俗，备受观众好评。

不偏听行家里手，应兼听外行建议。我们很容易盲目接受经验丰富者的建议和意见，对于“外行人”的话我们大多排斥，导致受挫。如能放下架子，兼听多方意见，定会破解当局者之“迷”，看清是非。

李雪健是业内外公认的实力派演员，当没有任何表演基础的小孩提出问题时，他却能虚心倾听，多方兼听，实在难能可贵！其能将杨善洲演活自是必然。

抗战胜利后不久，辅仁大学英千里教授出任北平市教育局局长，他想聘请启功做自己的助理，负责一个科室的日常工作。

英千里对启功说：“你我都是为国家繁荣而奔波效力，我聘请你为助理，单是从收入说，这个工作的薪水就比当一名普通教授高出几倍。更重要的是，在教育局做助理员，以后还可以步步高升，大有作为，养家糊口肯定不成问题，光宗耀祖也指日可待。你在大学教一辈子书，也只是个穷教书先生罢了。”

当时，启功动了心，但又拿不准，就去请教恩师陈垣。陈垣听后，告诉启功：“既然你自己拿不定主意，就让我来帮你分析分析。你看，学校送给你的是聘书，你是教师，是宾客，受尊重。而衙门里发给你的是委任状，你是属员，是官吏。你想想看，你更适合做哪个职业呢？”

启功恍然大悟，立刻告辞回家，写了一封信感谢英千里，并婉言谢绝好意。从此，他一心教书治学，无意仕途登科，1946年启功被晋升为北京辅仁大学副教授，逐渐有了名声，并最终成为著名的文物鉴定家、书画家、学者。

不随心所欲，而应该综合剖析。人生就是这样，时间有限、精力有限、能力有限，不可能什么都去尝试，而要尽可能地集中力量在特定的事情上，才容易取得成绩。面对各种各样的忠告，必须有选择地听取，之后的路才可能少后悔或不后悔。

多方听取意见才能辨明是非得失。对于启功来说，两种选择都具有吸引力，特别是升官发财，可以说仕途一片光明。但他没有急于做决定，而是参考了恩师陈垣的真诚建议。经过自己的综合分析，结合自己的兴趣爱好，最终做出了正确选择，让人生有了新的转折和起色。

霸权主义永远都会惹人生厌，开展工作不可自以为是。

1．善于调查，不调查就没有发言权。要记住经验主义不是每每都赢。

2．在讲究义气的同时，也要注意，不可意气用事，只亲信自己人，而盲目排外，避免造成不必要的损失。

3．听取多方建议，应摒弃主观印象，对事不对人。

3　凡事皆往好处想

人类很软弱，一旦遇到不顺心，遇到困难，就容易产生负面情绪，发怨言。所有我们认为负面的事情，上天都有正面答案给我们。所以，当我们遇到一些负面事件的时候，不论是身为当事人还是局外人，都应该多予以正面思考，往积极的一面去说，往好处去想。

从弊端中分析有利因素，能够给听者信心，扭转劣势局面。

39岁的某公司会计万桂全下岗了，为了维持生计，到一家公司应聘会计职务。面试官听罢其沉稳有序的自我介绍后，却皱着眉头说："你条件都很适合，可你超过我们'35周岁以下'的要求了。"

这的确是万桂全求职的致命伤，但他并没有为此消极和苦恼，而是诚心诚意地说："我很了解您的想法，许多工作的确需要在年龄上做出适当的要求，比如说舞蹈与体操艺术、服务行业等，适合于年龄偏小的年轻人来做，这可以理解。而对会计职位来说，工作能力在一定程度上跟年龄是成正比的，三四十岁的年龄，相对而言也有了丰富的工作经验，随着年龄的增长，责任心也增强了，还少了年少的轻狂。贵单位要是聘用我的话，不用花任何培训成本就能得到良好的服务，而且我的加入将会减少贵公司的离职成本，因为我会将生命中最好的十多年奉献给贵公司。"

听到这里，面试官频频点头。就这样，万桂全拿到了自己理想职位的录用通知。

面试官对万桂全提出"年龄过大，不符合招聘要求"这一问题击中了他的"劣势"。万桂全没有被这么直接的话语击倒，而是尽量往好处想，往好处说，他指出对于会计职业而言，三四十岁的年龄正是积累了丰富经验和工作能力的时候，能更好地为公司服务，并以"减少公司的培训和离职成本"来化劣势为优势，让对方了解到相对于年龄，自己能够带给公司的益处更多。他坦言"将生命中最好的十多年奉献给贵公司"，委婉地向面试官表达自己对公司的忠诚，自信而不浮夸，巧妙地说服了面试官。

工作中，面对不利因素，很多人特别是下属容易打退堂鼓，领导应该尽力往事情的积极方面引导，这样才能将团队拧成一股绳。

遭人离间，我们最常见的就是当事人兵戎相见、针锋相对，最终是鱼

死网破，得不偿失。此时，我们应该把人往好处想，才能免遭别有用心的人利用。

安徽亳州，是中国的四大药都之一，各路药商云集于此。王丰与同窗好友刘瑞生，决心在此开办药铺。两人一人主内一人主外，王丰负责拓展业务，药品采购；刘瑞生负责店面直销。两人苦苦经营了十年，药铺有了起色，财源滚滚而来。然而这时，有人鬼鬼祟祟找到在药铺看店的刘瑞生说："你可真实在啊，王丰在外面联系业务，他把业务链掌握得一清二楚。说不好听的，假如有一天，他截断业务链，另起炉灶，那时候你哭都来不及。还有，你对采购不管不问，还不知道他有没有从中获取利润呢。"

"你不要挑拨离间，"刘瑞生对来者毫不客气地训斥道，"我们药铺之所以经营得力，正是因为王丰懂得鉴定药材，有优质药材的货源。如果他想独立门户，早就单干了，何必要等十年。"

这时，王丰从外面跑业务回来，听到要铺有争吵，弄清事情原委的王丰深情地对刘瑞生说："谢谢你的信任，我浑身是铁能打几根钉？唯有我们牢牢抱成团，才能把生意做大做强。"

此时，挑事的人灰溜溜地跑了。两人团结一心，生意越做越大，并开办了分店。

我们往往讨厌和憎恨挑拨者别有用心，但如果当事人能放下心里的猜忌，说话不带偏见，就能心往一处想，力往一处使，挽回不必要的损失。刘瑞生在遭人离间时，能抑制住自己私心，放下对王丰的猜忌，说出体谅和理解王丰的话语。

正是这种想得开、放得下，凡事皆往好处想的优良心态，不仅让王丰感动不已，也让挑唆者自讨没趣。

每个人都避免不了犯错和失误，作为领导，我们应该往好处想，尽量减轻这些人的心理负担，心胸宽广地对待这些下属。

蔡锷在广西新军担任教官。一名士兵因家中有急事请假回家，逾期两天后才返回军营。

他找到蔡锷解释原因。蔡锷说："你违反了军规，确实应该惩罚你。但你明知自己错了还能坚持返回，说明你担心战友替你受罚，说明你讲义气；你是因为家里的事才违反军纪的，愿意为家人而甘愿受罚，说明你讲感情。我相信如果不是家中的事情离不开你，你一定会按期返回的。身为士兵，光有情有义并不够，还应该学会分清缓急轻重，妥善协调好各种事情。"

那名士兵听后心悦诚服，自觉提出关自己的禁闭。

士兵因超假而违反军规，蔡锷没有训斥和惩罚对方，而是表扬他有情有义，充分肯定了他对战友的义气和对家人的亲情。在感动对方的同时也促其更好地认识到自己的错误。蔡锷一番信任之言，往好处想，往好处说，把对方说成一个有情有义的人，这无疑更加激励着士兵严于律己，从善如流。

下属犯了错误，一般都会心怀内疚忐忑不安。作为领导，我们应该扫除下属心中的愧疚感，让他放下心理包袱，轻轻松松工作。他们一定会心存感激，超额付出，创造更多的价值。

在现实生活中，我们应凡事多往好处想，否则就会陷入生活的泥淖之中苦不堪言。豁达的胸襟也是一种积极的人生态度。

1．作为公司领导，得人心处多在处理一些员工违纪工作时，穷寇莫追，得饶人处且饶人，积极地对待人事物，会让人刮目相看。

2. 领导领导，领而导之。只有我们凡事皆往好处想，才能引导员工以积极的心态，迎战突如其来的挫折，不被挫折所击垮。

4 对事不对人，处处赢人心

公元319年，后赵王石勒建都襄国，他请老家的乡亲前往首都，同他一起聚会饮酒。出道前，石勒与一个叫李阳的人是邻居，两人多次为争夺沤麻池而相互殴打，所以，家乡人中，只有李阳一个人不敢来。

石勒知道后，说："时过境迁，李阳是个壮士，争沤麻池一事，那是我当平民百姓时结下的怨恨。我现在广纳人才，怎么能拿以前的事情来衡量一个人现在的品质和作为呢？我们应当对事不对人，好好对待这些贤才。"于是急速传召李阳，同他一起饮酒，还拉着他的臂膀开玩笑说："我从前挨够你的拳头，你也遭到了我的痛打，扯平了。希望我们能合力为国效劳。"两人的恩怨就此了结。

君子不行仗势欺人之举，仁者不为狐假虎威之事。石勒得势后，宴请老乡聚会，昔日仇人李阳却不敢应约，此时的石勒并未对李阳棍棒相加，或出言不逊予以讽刺。而是对事不对人，不拿以往的事情衡量李阳，将李阳昔日对自己的伤害淡化，并邀请他为座上宾，把彼此间积压多年的怨愤，一笑置之。

所谓对事不对人，就是把目的放在双方促进事情有效解决，只谈论事情本身上，包括事情的起因、经过、事情的结果等，同时注意自己的情绪，而

不把对方的否定意见引申到人格人性等层面的一种做法。

1921年，查尔斯·史考伯成为美国钢铁公司的第一任总裁。一次，他让秘书把昨天刚和客户签好的一份文件拿来给自己看。秘书在办公室翻箱倒柜找了半天，才想起文件被自己顺手塞进包里带回了家而忘记带回来。

当他红着脸向查尔斯·史考伯认错时，查尔斯·史考伯说："把文件带回家，说明你想利用休息时间，对文件的内容有更好的了解和把握，你把工作看得很重要，对待工作认真负责，你辛苦了。跟了我这么长时间，只是这一次的疏忽不代表任何问题。而且我愿意相信自己的眼光，你将会是一个非常称职的秘书。"

秘书把公司的重要文件落在家里，影响了查尔斯·史考伯的工作，对于秘书的失职，查尔斯·史考伯没有指责秘书对公司工作造成多大的影响，而是从另一角度出发，称赞对方积极主动地深入工作，对其一贯优秀表现表示认可。一番赞美和欣赏的好话，让对方感觉到支持与肯定。培根说过："一个豁达的人不会因别人的错误而恼羞成怒，总是会想起别人的好，这是一种高尚的情操。"简简单单的几句好话，就能提升你在别人心目中的形象，为何不在别人需要时多说上几句呢？

工作中，有些人因一时糊涂犯了错误，我们应该对事不对人地看待这件事，而不应该将一个人一棒子打死，应该给他改过自新的机会。

布莱切特是法国里昂市的一名职业漫画家，他的漫画作品针砭时弊，构思巧妙，笔锋犀利，颇受市民喜爱，被称为"拿画笔的政治家"。近些年，布莱切特潜心钻研起社会生活漫画，挖掘人性中的一些东西。为了集中搜集创作灵感，布莱切特向市民发过一个公告：如果有人发现有价值的新闻，可以向他提供，漫画创作出来可以共同获利。

一次，一位盐水鸭加工厂的采购员向他提供了一条关于注水鸭的新闻。他们在法国里昂南部一家盐水鸭培殖基地，发现一群待售的鸭子是瘫痪的，细心的采购员发现鸭子是浮肿的，后经调查是鸭子被注过水。他便将此事反映给了布莱切特，希望他能用漫画的形式抨击制作注水鸭的奸商们。

布莱切特很乐意地接受了任务，并连夜创作出了十几幅关于注水鸭的漫画，有的犀利夸张，有的逼真形象。这位采购员高兴地欣赏着布莱切特的大作。忽然，他发现了一个问题，这些漫画上并没有注明那家给盐水鸭注水的培殖基地的名字。他就走到布莱切特身边说道："敬爱的布莱切特先生，我觉得我们应该狠狠地教训一下这个家伙，让他身败名裂。可是，您并没有标明是哪个混蛋奸商，是不是便宜他了？"

布莱切特欠了欠身说："从你的言语中，我能感觉出你是个很有正义感的人。但是漫画既具有针对性，也具有广义的警告作用。我用漫画告诉人们这么做是可耻的就足够了，我们已经讽刺了这个事件，就没必要再去丑化这个人了。我们应该对事不对人，因为发生这个事情，很多人都有相应的责任。"

采购员听罢，激动地握着他的手说："布莱切特先生，您的成就不仅仅是这些发人深省的作品，更在于您有博大的胸怀。"

不难看出布莱切特"对事不对人""不去故意丑化"的创作原则，他的画纵然锋利如匕首，讽刺的却是某种思想或某种作风，而不是具体针对某一个人。把一种错误思想画出来，但不去丑化具体的人。

面对犯错者，我们若能对事不对人，发现对方值得肯定之处，说上几句好话，体现出我们关怀和欣赏。这样既温暖了他人、让人心悦诚服，同时给

予他人正面的激励，促其向上。

在《超级演说家》启动仪式上，李咏在现场颇有火气，屡屡放炮，一度还与选手互掐。随后，李咏拒绝接受媒体采访，剩下鲁豫一人面对媒体。

记者问她，怎么看待李咏的表现，鲁豫说："咏哥在其他节目中的亲和力和幽默感大家都是熟悉的。出现今天这样的状态，是因为他录制《舞出我人生》总决赛，已经有四十多小时没睡觉了。四十个小时啊，够厉害吧，要是我早趴下了。尽管很累，但想到已经说好了要在这次启动仪式上跟大家见面，他还是拖着疲惫的身躯来到现场。如果真的有观众对他今天的表现不是很满意，也希望大家能体谅些。"

李咏事后也意识到自己不该让疲惫影响自己的心情，更不该冲别人发火，他对鲁豫的仗义执言表示感谢。

在节目启动仪式上，李咏的言行举止让观众很不买账。记者询问鲁豫对此事的看法时，鲁豫并没有人云亦云，批评李咏状态不佳，而是对事不对人，坦陈李咏状态不好的背后原因，然后从敬业、诚信两方面为李咏说好话，为其解围。在观众面前，鲁豫展现的是一种理解他人、肯为他人着想的品质。不仅赢得了李咏的感激，也提升了自己在观众心目中的形象。

对事不对人的精髓在于尊重事实，尊重结果，尊重事先制订的规则或法则。

1．要想保证处理问题的公正性，实现真正意义上的对事不对人，就应该防患于未然，先小人后君子，一切按照约定成俗的规则办事。

2．摆脱首因效应、近因效应等，多想想"事情成与败，除了事在人为，还有天时地利等因素"。所以，从多方面去解读问题，看待问题，处理问题。

5　与人相处，忘掉人我之异

有一个农村的孩子考上了国内某名牌大学，家人喜不自胜，设宴庆祝。就在大家准备落座之时，一位远客驱车赶来，穿着华贵，还有专门司机开车、秘书开门。经介绍才知道这是一位在南方某大城市做药材批发而发迹的同乡，大家都热情地邀请他入席。没想到，他把主人拽到一边，丢下一百块钱，说："我都是和各地官员、老板一起吃饭，和这些人没有共同话题，我还要去赶其他酒场，就不吃饭了。"说完，钻进车里，扬长而去。

主人颇为尴尬，当即决定和此人断交，事后将钱寄回给商人。

这位商人来参加宴会，却因为同桌的宾客是乡下人而不愿意同席就餐，真是让人气愤。话语中也饱含贬低、讽刺意味，让人不舒服。在交际中，有许多人都放不下高姿态，总认为自己什么都比别人强，殊不知，这是交际的大忌。

忘掉尊卑之别，不自高。曾子在给弟子讲课时，说："人要懂得谦逊，要问于不能，问于寡，有若无，实若虚，忘掉人我之异。"意思是告诫弟子，要懂得放下自己比别人强的想法，要听取比自己能力差、学问浅的人的看法，做到虚怀若谷。所以，忘掉人我之异，谦卑交际，更容易赢得人气。

乔布斯执掌苹果公司期间，不仅将苹果手机推向市场，成为传奇，他还广揽贤才，甚至不惜委身去拜见有为青年。兰帝本来是一名软件工程师，他在卖掉自己的桌面软件发行公司之后，成了一名不想工作的"无业游民"。此时，乔布斯向兰帝发出了邀请，想要让这名工程师来公司工作，不过遭到了对方的回绝。

有一天，兰帝在花掉自己多年的积蓄之后，想来到苹果公司谋个差事。正在开会的乔布斯欣喜若狂，准备去接见他。坐在一旁的人事经理便说：“您现在是公司总裁，他只是一个前来求职的小员工，让人事部去找他谈谈就好了。”

乔布斯却摇摇头，说：“我虽然掌管这么大的一个公司，但还有很多东西还没有兰帝懂得多，我已经跟他有过几次接触，他有很多闪光点，我应该去亲自接见这位在工作上给我灵感的同事。”

同事们听后，都很佩服乔布斯谦恭下士的品格，兰帝更是感动不已，而乔布斯在苹果公司赢得了更多人气。

作为公司总裁，乔布斯求贤若渴，这已经很让人敬佩，更让人感佩的是，他亲自去接见曾经拒绝他的求职者。乔布斯谦恭下士，忘掉尊卑之别，忘掉人我之异，所以，他能感受到兰帝身上的优点，为公司揽得了一位贤才，更为自己赢得了一位知己。

忘掉资历深浅，不自傲。日常工作中，我们应该放下高高在上的姿态，谦逊诚恳待人，方能赢得人心。

工作中，论资排辈时有发生，让人避之不及。在演艺圈，有人把艺人分出三六九等，分个一二三线。对当红演员，争相追捧不见得是错的，但是，正如黄秋生所言，戏中有主次演员之别，但做人无主次之分。在黄秋生的眼里，演员无关资历，不讲先来后到的硬性规矩，一视同仁，让人佩服。

生活中，不乏有人认为自己在某些方面资历深厚，不愿屈身与新人交往，最终吃亏的是自己。所以，忘掉人我资历深浅之异，才能更接地气。

忘掉见地之异，不自满。在这个世界上，人与人各不相同，心和心也不尽相同，看待同一事物也会各自见地不同。

春秋时期，鲁国的思想家、教育家和政治家孔子，大力推行儒家思想，主张推行“为政以德”，用道德和礼教来治理国家是最高尚的治国之道。他到处游学，儒家思想一时兴盛。而就在此时，楚国有一位叫沈诸梁的小县官，却与孔子政见相左，他主张法制。在他的法制主张下，这个小县城繁荣昌盛，市民安乐。

孔子听说后，准备去拜访沈诸梁。孔子的弟子颜回上前劝阻道："老师，这个沈诸梁不仅不支持您的德治理念，还和您唱反调推行法制，您为什么还要去拜访他呢？"颜回的反问引起其他师兄弟的共鸣。

孔子听罢，哈哈一笑，说道："儒家思想之所以日臻成熟，就在于不断吸收新思想，我虽然不认为法制就一定正确，但是，在沈诸梁的法制管理下，那个小县城不是很和谐繁盛吗？我们一定要放下芥蒂，去掉分心别念，忘掉人我之异，虚心地接受不同意见。"

弟子们听到孔子的解释，都对孔子宽阔的胸怀佩服得五体投地。

与人相处时，不应该将交际范围狭隘地钳制在与自己志趣相投、意见相符的圈子里。应该忘掉见地之异，虚心地接受不同意见，包容不同见解的人，唯有如此，交际之路才能越来越宽。

俗话说："牛大马大值钱，人架子大了不值钱。"不论哪种行业，领导干部都被架在高出普通人的层面，慢慢地也便有了架子。但人们大都瞧不起摆臭架子的人。那些热衷于摆架子的人，总是希望别人将自己一直捧着、哄着，却不知正是因为这样，才让人越来越瞧不起，被人疏远。殊不知，他们因"身架"跌了"身价"。

忘掉人我之异，放下优越感，心怀敬畏虔诚之心去交际，朋友会越来越多，交际面也会越来越广。

深度沟通　褒贬抑扬的说话技巧

第5章

赞扬与批评下属

火车跑得快，全靠头来带。在一个团队中，领导对待员工的态度直接影响着团队的运作。奖罚分明，会很好地起到激励下属的作用。

表扬下属，是为了提高下属的积极性，让他们看到自己付出后的所得，看到希望。但表扬并不能随随便便，频频的“你最棒”导致的结果只能是渐渐地“自我膨胀”。领导要懂得表扬技巧，注重以身作则，去发现下属的优点和成果，夸奖员工时也会尽量公开，而且最好是表扬细节。

如果你认为批评是为了抑制下属的某些行为，那就大错特错了。批评的真正目的不是打压某个人的嚣张气焰，更不是宣泄自己内心的不满，批评的最终目的，也是激励！

1 赞美是为了激励

一家公司某晚遭窃，与窃贼殊死搏斗的竟是一名清洁工。作为公司最不起眼的角色，他完全可以置身事外。

庆功宴上，有人问他为什么会挺身而出，他回答："总经理每次走过我身边时，总会说'你的地扫得真干净'！"

仅仅是因为总经理的一句赞美，一个清洁工就能把公司的利益看得那么重要，不顾自身安危与窃贼搏斗。法国作家拉罗什富科说过：人们给予理智、美丽和勇敢的赞扬增加了它们，完善了它们，使它们做出了较它们原先凭自身所能做的贡献更大的贡献。可见，赞美能够激发人们更多的正能量，从而激励他们为之奋斗。

首先，赞美能够改善人与人之间的关系。赞美好比黏合剂，它能够牢牢吸引对话者，使人们之间的关系更为融洽、和谐。

杨先生是一位公司经理，由于业务关系，他经常与台湾商人打交道。有一位漂亮的台湾女经理，很傲气，即使站在你对面，眼睛也总是往上看。

有一次在展览会上，杨先生遇到了那位女台商，马上走了过去，和她热情地打招呼，交换名片。拿过来一看，她叫林静玉，便立刻说道："林小姐，你这名字起得好。"女经理不冷不热地问他："我的名字有什么好？"杨先生说："你看，林静玉，跟林黛玉就差一个字，亭亭玉立，比她还文静、有气质，其实你长得也像你们台湾的一位电影明星。"女经理兴趣大增，接着问："我像谁？"杨先生认真地回答："特别像林青霞。""哎呀，还真有不少人说我像林青霞呢。"女经理高兴地接受了杨先生的赞美。这时，杨先生说出了关键的彰显其睿智的一句话："真是奇怪，你们林家怎么尽出美女呀！"听后，林静玉咯咯咯地笑个不停。

后来，他们成了好朋友，成功地合作了许多项目。

女经理傲气凌人，聪明的杨先生不过是利用对方的姓名小做文章，简单、自然的几句赞美之言，就让高傲的女经理变得平易近人，由冷变热，态度亲切起来。于是，杨先生不但获得了对方的好感，还为自己赢得了商机。

作为领导，如果善于赞美下属，从欣赏的角度去对待下属，可以拉近彼此的关系，更有利于团队的建设及工作的开展。

其次，赞美能够激发他人的上进心和积极性。因人而异的赞美之辞，好比一缕春风，能够温暖、感染他人，使对方自觉自愿照你所说努力去做。

纽约布鲁克林有一位四年级督班老师鲁丝·霍普斯金太太，当她看过班上的学生名册后，在学期的第一天，对新学期的兴奋和快乐中却染上几丝忧虑：今年，在她班上有一个全校最顽皮的"坏孩子"——罗姆。罗姆三年级时的老师，不断地向同事或校长抱怨，只要有任何人愿意听，就会不停地说罗姆做过的坏事。他不只是搞恶作剧而已，还跟男生打架，逗女生，对老师无礼，在班上扰乱秩序，而且情况好像越来越糟。他唯一能让人放心的是，他很快就能学会学校的功课，而且非常熟练。

霍普斯金太太决定立刻面对“罗姆问题”。当她见到她的新学生时，她这样说道：“罗丝，你穿的衣服很漂亮。爱丽西亚，我听说你画画很不错。”当她念到罗姆时，她直视着对方，对他说：“罗姆，我知道你是个天生的领导人才，今年我要靠你帮我把这个班变成四年级中最好的一个。”在开始几天她一直强调这点，夸奖罗姆所做的一切，并评论他的行为正代表着他是一位很好的学生。有了值得奋斗的美名，即使一个九岁大的男孩也不会令她失望。最终他真的做到了这些。

美国著名女企业家玛丽凯曾说过：“世界上有两样东西比金钱更被人们所需要——认可与赞美。”罗姆无礼、顽皮，有意和老师作对，智慧的霍普斯金太太把这些丢在一边不谈，郑重其事地肯定了罗姆所长，并对其寄以希望。在老师的大力赞美之下，罗姆果然“对号入座”，完成了人生的一次蜕变。

作为一个企业的领导，应当有一双善于发现下属特长的慧眼，并用赞美进行强化，这样可以帮助他们克服不足和惰性，使其迅速成长为对团队有积极作用的人。

再次，赞美还能够激发他们内心的真情实意。发自内心的赞美，在无形中就会给人以动力，让人不自觉地对赞美者坦诚相待。

赵女士是一位聪明漂亮的女主管，她说：“自从学会赞美的话语，我现在每次买西瓜都可以买到最甜的。以前，我买西瓜，只会对卖瓜师傅说：‘师傅，麻烦您给我挑个好西瓜。’我发现，他顶多挑三四个，就搬上一个来，说：‘如果这个瓜生，你就送回来，我再给你换。’现在，我再来到西瓜摊前，就会说：‘师傅，我昨天从您这里买了一个西瓜，是我今年夏天吃的最甜的一个，我觉得您挑得特准，麻烦您再给我挑一个。’那位师傅听了，又是高兴又是紧张，一连拍了七八个西瓜，回头对我说：‘你这么一说，我的手怎么也没准了？’挑到第九个，他才搬上来：‘如果这个瓜不甜，你就送回来。’语气都变得温柔了。”

之前，卖瓜师傅对买主赵女士的请求多少带有敷衍，可听到赵女士的赞美后则明显增强了责任心，非常认真地对待对方的请求。

工作中，出于职业惰性，敷衍之心人皆难免。作为领导的随意赞美，则会让下属把领导的话铭记在心，坚持贯彻执行。

赞美，主要是指客观地观察一个人，并从中发现优点予以放大，变成欣赏，激发起对方虚荣心，并让对方自觉为之努力。当然，赞美不是毫无原则的，在下面的内容中，我们将重点讲述赞美别人应该注意的细节，这里不再赘述。

1. 赞美要抓住细节，肯定过程，可以结合自身，用自己的不足衬托对方的优点。

2. 赞美要善于借花献佛，即转述式赞美，如“听×××说你那方面是强项，今天算是开了眼界”。

3. 赞扬人要尽量使用“中性”词，切不可滥用形容词和副词。比如开口“最、最、最”，闭口“很、很、很”，不免使人感到你言过其实，言不由衷。

2 夸奖不要夸张

赞美是人与人之间沟通情感的“润滑剂”。恰当的赞美，往往会取得事半功倍的效果，但要是赞美过头会适得其反。过分的夸张赞扬，对于被赞美者来说也是有百害而无一利的。所以，夸奖不要夸张，不要假惺惺，也不要阿谀奉承。

历史上有一位十分热衷于夸张拍马的人叫冯希乐，他经常溜须拍马且空话连篇。

有一次，他去拜访长林县令，竟然无视野兽吃人的本性，信口雌黄，说野兽已被县太爷的仁义教化所感动，他向县令赞叹道：“县太爷恩德无量，感动天地，竟然连猛兽出境都和善和美。昨日我到县里，就看见老虎和狼竟然相尾而去。”

刚夸过不久，就有村民来报告：“昨夜老虎行凶，连吃三人，弄得人心惶惶！”长林县令很不高兴地责问冯希乐究竟是怎么回事，冯希乐面红耳赤，吞吞吐吐不知如何回答。

冯希乐为了拍县太爷的马屁，夸张得脱离了实际情况，说虎狼猛兽都感恩戴德，相处和睦，结果赶上报信的村民，冯希乐自然是抡起巴掌，自己打自己的脸。

哥尔多尼说过：“过分赞美会变成阿谀。”夸奖或赞美一个人时，有时候稍微夸张一点更能充分地表达自己的赞美之情，别人也会乐意接受。但如果过分夸张，赞美就脱离了实际情况，让人感觉到缺乏诚意。

睁眼说瞎话，惹人厌烦。赞美和夸奖某人，要实事求是，不要无中生有，不切实际，口是心非。

在广州某品牌服装店，一女子走了进去，导购员立马迎了上去。女子说，自己只是随便看看。导购员为了抓住客户，于是寸步不离地跟着对方。

当女子拿起一件衣服在自己身上比衬时，导购员马上说："这件衣服太适合你了，无论颜色、款式都很好看，而且还显身材。"其实，女子觉得，这件衣服很不错，但衣服的颜色不是很适合自己的肤色。听了导购员的话，女子有些反感，她知道导购员一定看出衣服的问题了，但就是口是心非。于是，她不管导购员怎么说，放下手头的衣服，继续往里走，可是这个导购员就像狗皮膏药一样，黏着女子而且喋喋不休，说些夸大其词的赞美话。本有大好心情的她皱紧眉头，草草看过两件衣服，就出了服装店的大门。

我们都反感口是心非的人，这些人说话没有依据，也没有原则。或许这位导购的薪酬是和销售额有直接关联，但她却疏忽了导购的本质作用，除了引导顾客消费，还要引导顾客正确消费。女子随意拿起一件衣服，该导购就大言不惭美言几句，那么可想而知，店里那么多服装，在导购眼里，都很适合这位女士，那就没必要挑挑拣拣了。

工作中，我们通过夸奖自己的下属来提高他们的工作热情，但是不要睁眼说瞎话，把无说成有，把一说成十。这样过度放大，便会失真，便会失诚。

弄巧成拙，把事办砸。我们常说，说得好不如说得巧。赞扬一个人也是这样，如果刻意去取巧迎合，没准会马屁拍到马蹄上。

从事采访职业的汤姆与迪克一起去拜访当地大型家电公司的总裁——杰姆逊先生。杰姆逊先生有非常传奇且十分励志的创业经历，他早年白手起家，从一个小小的街头卖报员慢慢成长为一家颇具规模的家电公司的总裁。

一见面，寒暄之后，汤姆为了留个好印象，就说：“杰姆逊先生，我很小就听说您的大名和您的传奇经历，我真心崇拜您。我想您一定有很多故事值得与我们分享，并来激励我们这些年轻人。如果我们今天能亲耳听到您的故事，我们会非常荣幸的。”

听他说完，杰姆逊就婉拒道：“小伙子，我的故事很简单的。你们今天来不是为这个吧……”

“不，我亲爱的杰姆逊先生，您可知道有多少人做梦都盼着跟您见一面吗？您身上有太多我们平常人可能终生都难以企及的光荣事迹……”

同来采访的迪克感觉不妙，刚想打断汤姆转移话题，可已经没有用了，汤姆兴致盎然，说个没完。结果，两人还没有采访到真正有价值的东西，就已经用掉了预约的半小时采访时间。当杰姆逊的秘书来叫他开会时，汤姆和迪克只有呆呆地瞅着杰姆逊离开。

做任何事情都是要适度的。汤姆和迪克也算是好不容易预约到家电大亨杰姆逊，汤姆不去用尽可能多的时间挖掘有意义的素材，却枉费时间树立自己的第一印象，他这种投机取巧的做法最终让他们吃了大亏，采访也就空手而归。

在与下属交流的过程中，以一些较为诚恳的话来取悦下属，会让你在下属心中留下较为平易近人的印象，也会让他们感觉，为你办事效劳是件荣幸和愉快的事。但赞扬和夸奖的话语不宜泛滥，有些话一句足矣，多了便适得其反，让人感觉这只是哄小孩的把戏，失去诱惑力和驱动力。

高尔基说过："过分夸奖一个人，结果就会把人给毁了。"过分的夸奖往往会使被赞美者不思进取，误以为自己完美无缺，不思进取。

1. 夸奖别人应当一分为二，要找到亮点，有成绩肯定成绩，也要戳到痒点，有缺点也要说明不足，控制好赞美的度。

2. 夸奖和赞扬，也要注意禁忌。比如注意第三者，不要让人误受连累，也不要恶意取笑式夸赞，或者明赞实贬，让人心理落差太大。

3. 夸奖一个人是为了递增动力，而不是给其添加压力。言过其实地夸奖一个人的能力，会让其他人产生误解，难免会有请求被夸奖者办事的嫌疑，让人心生防备。

3 聪明人不说"你错了"

夏先生是某钢铁厂的车间主任，有一次，他碰见几个工人在车间抽烟，而他们的头顶上正好挂着"请勿吸烟"的牌子。夏先生走过去，递给每人一支烟，然后说道："老兄，要是你们到外边去抽，我会很感谢你们。"工人们听了，连忙掐灭了烟，向他认错。

几个下属违反规定在禁止场合抽烟，夏先生没有声色俱厉地批评、指责他们，而是以合作的低姿态提醒对方，不但保护了他们的自尊心，也委婉地让对方认识到自己的错误，取得了良好的沟通效果。

批评的话谁都会说，但是方式不同，效果也会相差很大。真正聪明的领导不会直接告诉下属“你错了”。

以幽默搞笑的方式让对方认识到错误。玩一个冷幽默，搞笑之余，让对方主动认错。

一次，公司有位员工向自己的部门总监请假，员工支支吾吾不知如何说，总监就问他：“有什么就说什么吧，公司也不会不讲情理。”总监这么一说，这位员工便给出了这样一个理由：祖母过世，需参加葬礼。

可惜，该总监对自己部门的人了如指掌，他很清楚地知道每一个人的家庭情况，因为他们部门总共就五六个人。像这个员工，在公司也有五六年了，明明祖母早就去世。虽然感到受了愚弄，难免有点想发脾气，但总监还是冷静下来了。等心情平复后，他找来这位员工，笑眯眯地问道：“你相信人会死而复生吗？”

这位员工如坠入云里雾里，不明所以地回答道：“不信。”

这时，总监意味深长地笑着说：“跟你不一样，我可相信人会死而复生。我今天听说你祖母去世，十分心痛，我跟咱们公司同事小张说，小张说他去年也为你这事情心痛了一阵子。”

这时，这位员工低下头，然后不好意思地说了句：“对不起。”

明明祖母去世多年了，这位员工却打着祖母过世的旗号请假，这件事放在哪个领导身上都会大光其火。可即使发了火解了气，传出去只会成为大家的笑料。这位总监不动声色地和员工玩了个冷幽默，不仅让对方痛快地承认了错误，也增加了自己在对方心中的分量。

在工作中，如果不得不批评下属，可以幽默风趣地给对方设置一个台阶下，既让对方认识到自己的错误，也能轻易解除尴尬，得到下属的理解和配合。

以正话反说的方式让对方认识到自己的错误。明知对方在做不应该的事情，却假装以为对方是在做正确的事，并出言予以鼓励和安慰，使对方自省并改错。

> 晚上10点多，中油公司老总陪客人应酬之后，忽然想到有一份文件落在办公室了。当他赶回单位时，却发现一位工程师不是在加班，而是在用公司的电脑玩游戏。工程师忽然发现老总站在门口，既错愕又羞惭。最近，该工程师突然对电脑游戏着了迷，不仅上班时间有空就打游戏，而且下班以后还经常加班加点打游戏。
>
> 老总发现这位员工并不是在加班而是在玩电脑游戏，心中难免不满，但公司规章里规定上班时间玩电脑游戏者要被罚款，可现在是下班时间，如果罚款工程师肯定心里不服，而简单制止又未必能起到防止其再犯的作用。老总很快想出一个方法，既不会引起工程师的逆反情绪，又可让其接受批评，于是上前去轻轻拍了拍他的肩膀，并心平气和地说了句："呀，年轻人就是精神旺，这么晚还在加班哪，多注意身体呀！"工程师知道自己错了，但老总这么给他面子，他心里深受触动。从此以后，他再也不在办公室玩电脑游戏了，而且工作更加兢兢业业。

虽然是下班时间，但用公司的电脑玩游戏也是不应该的。如果老总直接批评这位玩游戏的工程师，对方可能会以当时是下班时间为借口而内心不服气。聪明的老总于是采取正话反说的方式，故意夸奖对方对工作的奉献精神，并进而劝告对方不可只顾工作而过分消耗身体，一番旁敲侧击之言震动了工程师，使其改过自新，工作更上一层楼。

这位领导处理问题的绝妙之处在于，他揣着明白装糊涂，给员工留足脸面，让员工反躬自省，主动改正。这说明，我们遇到犯错违纪的员工，没必要当时勒令整改，正话反说（反话正说）就能起到一定的作用。

以先扬后抑的方式让对方认识到错误。先夸奖对方其他方面的长处，调动起对方情绪后，转而进入正题，对其提出期待。

香港新世界发展有限公司有位部门经理叫陈岚，一次外出时，发现自己手提袋被盗，里面除了常用钱物外，还有公司一份珍贵资料。当她内疚地站在董事长郑裕彤面前讲完所发生的事情后，郑裕彤笑着说："我再送你一只手袋好吗？你工作一直非常出色，公司早就想对你有所表示，现在机会终于来了。希望你永远不要把我送你的手提袋弄丢。因为，我想如果一个部门经理经常丢三落四，那就该让我这个董事长去做他的助理了。"

董事长如此宽容和体恤，使陈岚心怀感激，后来任凭其他公司用多么优厚的待遇来挖她，她都不为所动。

对于别人的错误，适度的宽容比硬性的批评更能维护一个人的尊严，也更能促其改正。面对丢了公司珍贵资料的员工，郑裕彤没有严词批评，先是进行表扬，再借送手提袋委婉地提醒陈岚以后注意不要再丢，反而让陈岚发自内心地感激。

在现实生活中，面对别人的冒犯、伤害和错误时，有理讲理是天经地义的事情。但是，如果得理之时苛责，矛盾就会变得越来越大。此时，不妨宽人一步，给对方一个台阶，便会海阔天空。

人无完人，作为上司批评下属，应当注意：

1．批评的话说在当面。当面批评是君子，背后议论是小人。背后批评，容易以讹传讹，引起误会。

2. 批评的作用是让犯错误的人改正。如果只是为了打压或者出气，那批评便失去了作用。变批评为激励，更能让对方认识到自己的错误所在，并心甘情愿地主动做出改变。

4 挑人错不要拆人台

在下属出现错误或者冒犯我们的时候，领导有权利也有责任指出对方的错误，这样才能帮助下属认识和改正错误，也能遏制更多错误或者避免不必要的麻烦。但是，揪人错误时，应该给对方充分悔过的机会，不能怒发冲冠，甚至挖苦人、拆人台面。

美国一家大超市的主管杰克每天都到他负责的连锁店去巡视一遍。这次他看见一名顾客站在台前等待，没有一个售货员对她稍加注意。那些售货员正在柜台远处的另一头挤成一堆，彼此又说又笑。身为主管的杰克当然对这一情况很不满意，决定一定要纠正这种不负责任的行为。

杰克走到这些售货员旁边大声喝道："我想知道是什么原因让你们这么忽视我的顾客！"众人听到杰克主管的呵责，立刻起身去柜台工作。

一个叫琳娜的售货员说："对不起主管，这些姐妹们是听说了一件非常高兴的事情才这样兴奋的。我丈夫上次购买的彩票中奖了，中了一万美元呢，我做梦都没想到会中这么多，我实在是太兴奋了，所以……”

“不，琳娜，我不希望你会为了一万美元而丢掉了自知之明。你要知道，一万美元连东城的洛克餐厅都进不去。你是发财梦做多了，还是穷日子过怕了？”

杰克主管的一番话说得琳娜尴尬极了，这让其他售货员也感觉愤愤不平，杰克主管的良好形象尽失。

琳娜因为丈夫彩票中得大奖，只顾与同事分享喜悦而忽略了客户，耽误了本职工作，这是琳娜的失职。杰克主管批评几句也是理所当然，但却不能如此尖酸刻薄地奚落人。他先是用“别丢掉自知之明”来警告琳娜，继而还“旁征博引”——一万美元连洛克餐厅都进不去，这明显是卖弄自己财大气粗，还带有明显嘲讽的语调。更可恶的是他竟然用“发财梦做多了”“穷怕了”等字眼侮辱琳娜，实在让人寒心。明明是一个小错误，杰克主管却在纠正之后，又对琳娜一顿数落和挖苦，最终失去了在员工心中的良好形象。

清朝时，有个叫王瑞坤的人因为参与抢劫官银被判入狱，五年后，刑满释放。各地朋友来看望他，感激之时，他邀朋友一起到同村的一个养鱼池里钓鱼叙旧。这时，鱼池的主人走了过来。王瑞坤心里一紧：“糟了，没有提前跟人家打招呼就在他家鱼池钓鱼，这会不会太冒犯了？”

只见主人走近，指着旁边的牌子说道：“这是私家鱼池，您没有看到禁止垂钓的牌子吗？”

王瑞坤解释道：“看到了，我这一入狱就是五年，好不容易出来了，想借垂钓的闲情，叙叙旧，您看能不能网开一面？我们钓上来的鱼会给您一定的费用。”

那主人听过王瑞坤的解释，两手叉腰，毫不客气地说：“我倒不是想赚你那点钱，我是担心我们家这点鱼。官银你都敢劫持，我怕你是来踩点，找机会要偷我这点鱼吧！”

王瑞坤的一位朋友听到鱼池的主人尖酸刻薄的话语，盛怒之下给了他一拳，鱼池的主人悻悻地逃跑了。

有时候，平白无故招致别人的冒犯，实在让人恼火。就如上例中，王瑞坤在未经鱼池主人同意，竟和朋友到他的鱼池钓鱼，的确不妥。但王瑞坤及时地向主人道了歉，态度非常谦和。这个时候，鱼池主人更多的应该是予以谅解。可他倒好，不仅没有一丝忍让，反而挖苦起王瑞坤，抓住王瑞坤的“犯罪前科”的小辫子不放，污蔑王瑞坤等人是“来踩点，为以后偷鱼池做准备”，这不仅是对王瑞坤个人的不信任，更是对王瑞坤人品的侮辱，也难怪王瑞坤的朋友大打出手。原本一场小事，鱼池主人揪人错后又挖苦人，终落得个狼狈而逃，实在可笑。

这天早上刚上班，车间主任叫来带班组长张贺轩了解员工近来的工作情况，正巧，车间的同事向晓斌风风火火地向车间跑来。一看就知道，他迟到了。看到主任和组长站在车间门口“恭候”他，向晓斌不好意思地说：“对不起主任，我七点半就出门了，刚出门发现电动车坏了，就忙着打的来单位，谁知路上又堵车，所以……”

“你真的是七点半出门？”向晓斌支支吾吾地还没说完，组长张贺轩就质疑道，“真是好巧啊，咱们住在一个小区，我比你出门还晚十分钟，路上打的，一路畅通啊！”经过张贺轩的一番“渲染”，向晓斌当即羞得面红耳赤。主任生气地对向晓斌说：“你迟到了还说谎，真是太让我失望了，回去写份检讨书！这个月的全勤奖你也别再惦记了！”

主任走后，向晓斌找到张贺轩，说道：“铁面无私的大组长，我得到单位的惩罚你很高兴吗？我对你厌恶至极！”说完，向晓斌愤然离去。后来，同事们知道这件事，也都纷纷埋怨张贺轩不该当着主任的面拆人台。

我们说，打人不打脸，骂人不揭短。当别人出现错误，我们挑出来，目的是要帮助别人认识并加以改正。但是，要把握时机和场合，让犯错的人心悦诚服地接受。我们在为他人挑错时，切记不要让人家下不了台。向晓斌迟到纵然有错，但张贺轩在指出其错误时，不经调查与核实，就断言向晓斌是“忽悠”单位领导。假若，张贺轩采取私下沟通的方式，效果或许就不一样了。可惜的是，他这种当面挑人错又拆人台的做法，注定得不到向晓斌的肯定，还惹来埋怨。

李泽仁是一个广告公司的业务骨干，有一次，公司安排李泽仁与公司的老员工苏青一起负责一个房地产商的企划项目。由于两人观念有分歧，所以他们做了两份方案交给总监。

总监看两份方案都很不错，但考虑到苏青是公司的老员工，接手的案件成功率高，所以就采用了苏青的方案。这让李泽仁心里很窝火。可谁承想，苏青的方案恰恰又被客户否定了。

总监只好安排他们根据客户需求修改李泽仁的案头。在办公室里，李泽仁竟对苏青发起了牢骚：“苏青老师，您很固执。我当时就说过，客户需要的是时尚、现代的感觉，而您总是小心又小心，不敢半点跨越。我知道您这是踏实办事的好习惯。但是，您的过度小心是要不得的，现在不是返工了？您知道在公司待了这么久为何没有成为总监？就是因为您谨慎有余而魄力不足啊。知道三国时期东吴的鲁肃吗？凡事小心翼翼，难有大用。”

苏青被李泽仁说得怒了，说道：“咱们是志不同道不合，我退出这个项目……”从此，苏青再也不愿意与李泽仁合作。

俗话说，马有失蹄，人有失误。每个人都有犯浑、犯错的时候，即使是经验丰富的人。这个时候，他们最需要的便是同伴的理解与体谅。或许理解和体谅不如热情的感染力，但却仿如丝丝春雨，能滋润人的心田。苏青虽然经验丰富，但也不能避免失误。李泽仁即便是想抱怨自己的方案被否定，但他不能在苏青承受失败压力的时候，再火上浇油。他不仅揪住苏青的短处，还嘴不饶人，挖苦其“不能升职”的原因，并用鲁肃的故事暗示苏青其“难有大用”，实在让人接受不了。最终，由于李泽仁的尖酸刻薄，导致他与苏青的合作终止，友谊也随之破裂。

凡事都要一码归一码，一过归一过。切不可因为下属的一次错误、冒犯，就开始翻人旧账，挖苦人。你敬人一尺，别人得到真正的理解和尊严，也会敬你一丈。工作开展起来就会顺利，职场之路才会越拓越宽。

第6章

拒绝下属的过分要求

作为一位领导者，一定会时常接到下属的各种不合理要求。此时，要懂得巧妙地加以拒绝，千万不可在语言中伤了下属的心。

生活中，我们往往处于感恩或抹不开情面，不会、不敢、不好意思拒绝别人的各种请托，一味地迁就别人，最终只能是自己吃亏。

敢于拒绝，才会让你生活得更轻松。但是，拒绝别人不是一件容易的事情。如果，拒绝的言语不当可能失去交情，被人误会，甚至遭人唾骂或仇视。

1　不让下属带着负面情绪离开

在和下属的交往中，难免有一些下属会向你提出这样或那样的请求。当不得不拒绝有些请求时，我们可否采取一些巧妙、适当的方式，在让对方知难而退的同时，也避免尴尬、难堪等一些不愉快情绪的产生呢？当然可以！

在工作中，作为上司拒绝下属实属正常，但聪明的领导都会特别注意员工的心理状态，他们即便是拒绝下属，也不会让下属带着负面情绪离开。

另指出路。当你对求助者的要求感到力不从心或者不乐意接受的时候，你可以采用另指出路的办法，以解决问题。这样帮不上大忙，也算是帮了小忙。

曹丽当上某银行人事处处长后，一下子成了忙人，很多人都登门来求她帮忙，让她很是头疼。有一天，又有人来到曹丽家，这次来的人正好还是她大学时的老同学，而且二人的关系还很亲密。

“我儿子毕业一年了，工作一直不顺心，想换工作，所以来找老朋友想想办法。”老同学开门见山地说。

“他学的是什么专业？”老同学把儿子的资料递给曹丽，看过资料后，曹丽知道自己帮不了这个忙，因为不仅专业不对口，这个孩子的外语水平也不行，这明显不符合银行的要求。但是曹丽也清楚，自己不能直接拒绝，否则就太不给老同学面子了。“真是不巧，我们最近没有招聘人的计划，不过你别担心，我认识一个朋友，他那里似乎在招人。我帮你联系，你就说是我介绍的。”说完，曹丽认真地查找了一下通讯录，把朋友的联系方式抄了一份交给老同学。

虽然自己想的事没有办成，但老同学还是很感谢曹丽。

老同学儿子的条件不符合银行的招工标准，曹丽只能拒绝对方的请求。但为了照顾老同学的面子，曹丽没有一句话拒绝了事，而是给对方指出了另外的途径，让对方又产生了新的希望，同时会对曹丽的拒绝也心存感激。

作为领导，当下属对你提出某些不合理要求时，你可以采取其他的方式，把对方的要求转嫁出去。从而既没有让自己难受，又让对方感觉有面子。

借口推辞。找一个合理的借口，推了你不想去做的事。即使这个借口带有欺骗的成分，只要不会伤害到对方，也是一个可取的办法。

一次，下属苏俊请主管王总吃饭，饭桌上不少菜很合王总的胃口，他吃得很起劲。席间耳热酒酣之际苏俊说：“领导，我叔家的孩子在建筑公司上班，他们公司今年参加了一所学校的建筑投标。听说你有个好朋友在教育局任职，应该能说上话，关于标底方面，您能不能帮帮忙……”

王总是个讲原则的人，这样的事他自己都不愿意跟朋友张嘴。可是毕竟吃了苏俊请的这顿饭，等于欠了对方的人情，他想了想说：“小苏啊，你说的这个事吧，我也很想助你一臂之力。不过真不好意思，前几个月，我这个朋友已经调离教育部门，到其他系统任职了，如果他在职，我怎么也会帮你说几句话。但他现在调走，也不再负责这方面的工作，所以，我们再去找他就是为难人家了，我是有心无力啊，帮不上你什么忙了。”

听王总这么一说，苏俊知道对方有苦衷，在委婉地拒绝自己，就哈哈一笑不再提了。

苏俊要办的事，与王总的原则相悖，王总自己也不可能跟朋友张嘴说这个事。在选择拒绝的时候，王总并没有义正词严地表明立场，而是顺着对方的说法，给自己不帮忙找了个合情合理的借口，让对方觉得被拒绝也在情理之中，心中自然也会接受这个现实。

作为领导，我们不妨学习王总的拒绝方法，借对方的话头给自己找一个推脱的理由，既保护了自己的利益，也照顾了对方的心情。

比喻婉拒。打一个小比方，通过暗示表明自己的态度。幽默、逗笑之余，对方也不会感到被拒绝后的不愉快。

一提到钱锺书，许多人会立即想到《围城》，这位文学泰斗、著名学者，追随者甚多，但他一生淡泊名利，不慕虚荣，而且幽默风趣，经常语出惊人。

一天，有一位英国女记者读了钱锺书的作品后，对钱锺书非常仰慕，非要见他一面不可。钱锺书借故推脱了几次，对方还是三番五次地打来电话相求。不得已，在电话中，钱锺书对那位女记者说：“小姐，假如你吃了个鸡蛋，觉得味道不错，也就可以了，何必非要认识那只下蛋的母鸡呢？这不是多此一举了吗？”

听了钱锺书的一番妙言，对方不由得笑出了声，也就不再强求了。

钱锺书无心接受采访，面对仰慕者的穷追猛打，他风趣地把自己比作母鸡，把自己的作品比作鸡蛋，调侃自己一心只想下好蛋，不想被打扰，从而使对方心情愉快地知难而退，放弃了原有的打算。

作为主管，当你对下属的要求不感冒或不认可时，与其板着脸拒绝，不如用个轻松、逗乐的小比方，既让对方明白你的心意，又心无芥蒂地离开。

有人说，拒绝下属成了领导的特殊“癖好”。这说明，拒绝已经成为领导者的基本能力。我们在拒绝一个人的时候，应该多考虑以下情况：

1．每个人都有尊严，有时拒绝一个人是必要的，但侮辱一个人那就不对了，不论领导的头衔有多大。

2．授人以鱼不如授人以渔。不要让下属养成“等靠要”的恶性循环。

3．如果是为求助者另指出路，要注意不要给第三者添加不必要的麻烦。

2　坚定立场，认理不认人

潘光旦先生是我国现代著名教育家，1935年他担任清华大学教务长，负责全校的教学组织工作。他工作认真负责，不徇私情。

有一次，安徽省主席刘振华找到潘光旦，想让自己的两个儿子来清华旁听。因他的要求有违清华校规，潘光旦婉言拒绝说：“承刘主席看得起，但清华之所以被人瞧得上眼，全是因为它按规章制度办事。如果把这点给破了，清华不是也不值钱了吗？”虽然被泼了一盆凉水，刘振华心里着实佩服潘光旦的不讲情面。

潘光旦认死理，放着和刘振华套近乎的机会不利用，反而搬出校规拒绝了对方。对方虽然被驳了面子，可依然对潘光旦这股认理不认人的劲头十分佩服。可以说，清华大学能有今天的国际声誉，与潘光旦等老一辈清华人的执着和付出密不可分。

认人只能乌合，认理可以成军。意思是说，看人说话而置理义于不顾，在你身边的人就不过是毫无凝聚力的乌合之众；而只有认理不对人，用理义和规则说话，才能赢得他人的拥戴。

面对亲情，公私分明。当亲情与职责发生冲突时，我们同样要丁是丁卯是卯，不可因为亲情而失去立场，损害了职责所在。

面对下属，坚持曲直之理。下属犯了错误，不去袒护，而是要理清谁是谁非，认清是非曲直，这样才能把话说得公平，赢得别人的认同。

赵本山的弟子、《乡村爱情故事》中王长贵的扮演者王小宝在沈阳驾车与一辆出租车发生碰撞，王小宝下车与出租车司机“动武”，致对方受伤住院。

当记者问及赵本山对此事的看法时，他说：“我知道了这件事后一宿没睡，王小宝犯了错，我这个做师父的要负责任。承蒙观众的抬举和喜爱，王小宝现在有了点名气，是个小名人了。名人是啥？首先是个人名，做不好人，他就不配做名人。成了名人，就应该无条件接受任何人的监督，不管名气多大都应该把温度降下来，这叫回温，沉下心做人。在这件事上，王小宝犯了错误就该低下头来，该道歉就得道歉，该承担的责任都要一肩担下。”

记者听了，连连点头。

王小宝惹了祸，面对记者的询问，赵本山没有找出租车司机的不是，或者为自己的爱徒找借口，推卸责任，减轻错误，而是坦承认错，并立足于做人的底线，对王小宝成名后的飘飘然给予当头棒喝，警告对方应该珍惜观众给予的一切，并要求王小宝为整个事件负责。

俗话说，认理不认人，帮理不帮亲。和我们关系亲近的人犯了错，我们要坚持道义，采取当头棒喝的方式，促使对方知错改错，才能赢得大家的支持和尊敬。

领导有很多层次，当中层领导面对上司时，也需要坚持正义之理。我们一般都不好意思或者没有勇气和胆量去拒绝自己的顶头上司，但是，作为中层领导，下面也有很多双眼睛眼睁睁地盯着我们，我们应该坚定立场，认理不认人。

武则天当政时期，徐有功被任命为秋官郎中，负责复核司刑寺的判决。一天他的顶头上司周兴交给他一份案卷说："这宗案子是原道州刺史旧唐宗室李仁褒兄弟的谋反案，圣神皇帝最恨的就是他们。司刑寺已判为谋反罪……"

徐有功接过案卷细细查看后，非常气愤。他清楚，周兴心狠手辣，凡是不顺从他的人，他都会加以报复。但徐有功还是对周兴说："兄弟俩练武比箭怎能定为叛逆谋反，这不是太冤枉人了吗？如果天下百姓知道你周大人歪曲事实、胡乱判案，就会以为是当今皇帝指使你这么做的。这样一来，大家就会认为大周皇帝昏庸无道，逆天而行，无视国法，残害无辜，甚至因此可能更加怀念李唐的好处。一旦百姓怨声载道，天下动荡，那时皇帝就会把你的功劳全都抛到脑后，第一个拿你开刀！"

听了徐有功的话，周兴惊出一身冷汗，立即决定重新审理此案。

面对奸佞邪恶的周兴恶意扭曲案情，徐有功没有屈从和退缩，而是大义凛然，分析对方此举可能对自身造成的不利影响，从而伸张了正义，压倒了邪恶，避免了一场冤屈。布雷克说过，百事坦直，卑鄙的人就远远走路。

面对奸佞邪恶，即使对方是你的上司，我们也要坚持立场，认伸张正义之理，不认奸佞邪恶之人，卑鄙的对方才会收起嚣张的气焰。如果一味忍让和躲避，自己也终会被沦为被害者。

印度诗人泰戈尔说过，妥协对任何友谊都不是坚固的基础。说话办事时，我们不该为了照顾自己和他人友谊而置理义于不顾，违心地采取折中的做法，而应将理义与友谊左右分开，袒露心扉，直陈根本，才会赢得众人的赞许。

1．认理不认人，前提是自己有道理。死死坚持的道理是错误的还不醒悟，这就是钻牛角尖了。

2．讲道理能让人分清利弊是非。有时候反弹琵琶，晓以利弊一样能说透道理。

3 如何把旧账翻得漂亮

孙雷深受领导器重，职位一再上升，可谓前途无量。逐渐，他变得自大傲慢，不把同事放在眼里。领导批评过他一次，可是没过几天，他又旧病复发。

张主管看在眼里，急在心里。便找了个机会，对他说："我家乡有好多杨树，横着栽都能生存，折断栽下它也能生存，但最终也没长成大树。”见孙雷一副莫名其妙的样子，他解释道：“因为即使有十个人栽，但只要有一个人拔它，它就难以生存了。你虽然得到重用，但如果看你不顺眼的人多了，你就危险了。”孙雷猛地惊醒，开始注意改善与同事的关系。

孙雷在同事面前摆架子，同事关系日益僵化，而且他不把领导的批评当回事。张主管干脆来个旁敲侧击，用杨树的故事提醒孙雷，从而使对方真正认识到自己做法的危害。职场中，职员犯错在所难免，身为领导，指出下属的错误，这事也就过去了。但如果下属三番五次犯同样的错误，那就有必要旧账重提。怎样才能把旧账翻得漂亮，既能保护下属的自尊心，又能起到理想的沟通效果呢？

欲取先予，以饵投鱼。促使对方主动说出自己的错误，加深他对错误的认识，更有利于对方反躬自省。

孙老师教学水平很高，但是喜欢藏私，不愿意在集体备课时把自己的见解与大家分享。级部宋主任和他谈了一次，但是改观不大。一天，宋主任找来孙老师，递给他一份名师申请表。孙老师接过一看，就笑了说：“宋主任，‘名师’的‘名’，应该是著名的‘名’，不应该是明白的‘明’，写错了吧？”

宋主任笑道：“我要写的就是‘明师’。如果眼中只有‘名’，如何看得到‘明’？成了‘明师’，自然便成为‘名师’了。《论语》讲：‘君子务本，本立而道生。’做到一个‘明’字，这就是务本。做老师就是要做‘明师’——明明白白的老师，自己明白，能把学生教得明白，这就是‘明师’。‘明白’为本，‘名声’为末，不要舍本求末、本末倒置。我们求名，求的是实至名归、名副其实，而不是徒有虚名，为名所累，以至于声名狼藉。”听了这一番话，孙老师颇有感触。

要成为“名师”，首先要做“明师”。面对孙老师的藏私，宋主任没有直截了当地翻旧账，而是事先有意抛出“明师”这个被青年教师看作错别字的诱饵，吊起他的胃口，吸引他的关注。而后一番“明与名”的剖析，讲得孙老师幡然悔悟。

谈话时，如果能先送给对方一个有争议的问题、话题或者情境，吸引他们的好奇心或注意力，然后妙语诠释，往往会收到理想的效果。

自我开刀，由己推人。有时候，我们不好去指责别人的错误时，可以先拿自己的事情开说，用自己的经历打开话题，由己推人或人我对比，让对方参悟。

苏文晓这个人有些能力，但是做事比较浮躁，小事看不上眼，总想着做点什么大事。曾经有上司劝说了一次，但没有什么效果，主管周鹏就找苏文晓谈话。当谈起自己的成功经验时，周鹏说道：“其实，我和大家都一样，也没有什么秘诀，我能够成功，主要是我有一个毛病——眼高手低！”见苏文晓满脸疑惑，他继续说道：“我刚入行时，总是好说懒做，我师父告诉我，我这是进步的表现。我都眼高手低，好说懒做了怎么还进步呢？后来，我师父告诉我，‘眼高手低’，眼高，就是眼光要高，要着眼长远，关注大局。谈话之后，我就分析了当时的社会形势，觉得未来的发展，必将向信息化和电子商务发展。于是，我在学习中，就有意识地关注这方面的信息。我所发表的那几篇论文，都是关注经济和信息方面的研究成果。‘手低’，就是要从小事做起，从低处出发。只有脚踏实地地做好每一个细节，才能够给自己的发展打下坚实的基础。”

苏文晓听了，若有所思。从此，他改掉了自己的毛病，一心钻研，最终取得了很大的成绩。

苏文晓好高骛远，不把领导的话放在心里。于是，周主管借谈自己成功经验的机会，说自己是“眼高手低”。见苏文晓对此充满疑惑，他便对“眼高手低”这个原本带有贬义色彩的词进行了新解，从而由己推人，旁敲侧击地暗示了对方身上所存在的问题。

由此看来，如果对方的“旧账”已经是陈芝麻烂谷子，那自然不应该翻，可如果对方的“旧账”对其将来的成长还有警示意义，便不妨翻一下。

人非圣贤，孰能无过。所以，我们即便是翻人旧账，挑人过错，也不要一棒子将人打死，要本着与人为善的目的，着眼于未来。

这里我们所说的“翻人旧账”不是故意找茬，而是更有效地帮助对方不再重复犯同样的错误，以期对方不断进步，这才是翻人旧账的最终目的。

4　主动批评自己，与下属拉近距离

夏朝，一个背叛朝廷的诸侯有扈氏率兵入侵夏的都城。夏伯启带兵迎敌，结果惨败而归。他的部下很不服气，说：“有扈氏使用诡计，否则我们怎么会输？现在如果我们继续进攻，一定会赢！”伯启却自我反省道：“不必了，我的兵比他多，地也比他大，却被他打败了，这一定是我的原因，可能是我的德行不如他，也可能是带兵方法不如他。从今天起，我一定要努力改正过来才是。”

此后，伯启不仅每天很早便起床操练军队，而且任人唯贤，甚至为求得贤良的辅佐，经常亲自上门求教。各地贤良闻讯纷纷前来投奔，伯启的人气、军威十分旺盛。有扈氏知道了，不敢再来侵犯，并主动投降了。

一个人有没有积聚人心、一呼百应的人气，在于他有没有“见贤思齐，见不贤而内自省”的思维方式。伯启由惨败而归到不战而屈人之兵，在于他勇于自省、及时调整，因此积聚了人气，威慑了敌人。我们如果能在别人的冒犯中，自我反省，找出属于自己的那部分责任，便更能获得别人的尊重。

工作中，假如我们能像伯启这样，肯从自己身上找原因，虚心地反思自己所做的事、处理是否恰当，以及怎样做才会更好地弥补过失，那么旺盛的人气一定会围绕着你！

安德斯·伯格伦是一家大型企业老总，在他前去国外的一家分公司视察工作的时候，他拿了一叠文件请分公司的一位秘书打印。他习惯性地用很谦逊的口气对她说：“请把这些文件打一份，谢谢！”秘书接过之后，就把它们压在一叠文件的下面。

一小时、两小时、三小时……一天过去了，始终不见秘书把文件送过来的安德斯·伯格伦忍不住去问秘书，结果秘书告诉他，从他的口气中听出，文件不等着用，所以就先做其他比较急的工作了。

听她这么一说，安德斯·伯格伦才明白，这是由于两个国家文化的差异所造成的。在自己的国家，安德斯·伯格伦如果这样对自己的秘书交代的话，她仍会知道要立刻完成。但是，在这里显然并不是这样的。于是，他笑着对秘书说：“对不起，这是我的错，我没有交代清楚。”

从此以后，他也学会了把自己的需求清楚地告诉别人，以后再也没有误解发生了。善于反省的安德斯·伯格伦更加受到员工们的尊敬，工作上也得到更多的支持。

我们习惯按照自己的理解来决定自己的行为准则，然而，这些行为过程有时却会让我们经历种种失败和挫折。一个具备反省能力的人一定要具有自我否定精神。

上例中，我们可以看出，安德斯·伯格伦之所以能够赢得下属的尊敬和拥护，很大一部分原因就是因为他与秘书产生误会后，自我反省，发现问题是由于自己没有阐述清楚，并在以后工作中改变了自己的做法。安德斯·伯格伦能站在下属的立场上看待问题、思考问题、进而解决问题，获得尊重也是理所当然。

十几年前，亨利还是一家修理厂的修车工人，薪水菲薄，却常幻想有朝一日能够坐在工厂对面的五星级餐厅里大吃一顿。

某个月底，刚刚领到薪水的亨利鼓起勇气走进了那家高级餐厅。他呆坐了足足15分钟，居然没有一个服务生招呼他。他只好伸手示意要点餐，一个小个子服务生走来，然后不耐烦地把菜单扔在了他面前并以一种轻蔑的语气说："你只适合看右边的部分（意思是价格），左边的部分（意思是菜肴），你就不必费神了！"亨利愤怒地盯着服务生那张带着不屑表情的脸，他真想把攥得紧紧的拳头砸向对方扁扁的脑袋，可一想到自己口袋里那点可怜的薪水，他的怒气就慢慢消失了。

"一个汉堡。"亨利有气无力地说道。

吃着那个比快餐店贵出十倍价钱的汉堡，亨利的心里充满了悲哀。最后，他走到那位服务员身旁，握着他的手说道："小兄弟，谢谢你在我不知天高地厚、盲目攀比的时候给我当头一棒，让我清醒，我觉得这是你责任的体现。"

从此，亨利生活朴素，不懈奋斗。十几年后，他成了叱咤风云的汽车大王——亨利·福特。那位服务员成了福特汽车的销售经理，两人成了忘年交。

到餐厅就餐，我们除了享用美食，还可以享受服务。亨利·福特在餐厅就餐时竟受到了服务员的歧视，此时，愤懑的亨利却压住了心中的怒火，自我反省。他认为之所以自己觉得被冒犯是因为自己不知天高地厚，是自己盲目攀比的虚荣心作祟。正是由于他遏制怒火，善于反思并努力工作，才会在后来取得不凡的成就，才会有两人的忘年之交。

反省是对心灵镜鉴的拂拭，是对精神的洗濯。反省的过程就是一个人心智不断提高的过程，是一个人心灵不断升华的过程。

一天，某局的刘小光和朋友外出喝酒到很晚才回到工厂的员工宿舍。回来之后，他并未立即上床就寝。他准备吃点心，还时不时说些酒话。

灯光和噪声影响了室友，其中一位叫吴冕的同事平时就与这位刘小光在工作上有些分歧。此时，他忍无可忍，厉声喝道："你上辈子没吃过东西，吃到现在还没吃饱？"刘小光听到辱骂，便与吴冕厮打起来。

厮打中，同事叫来了分管领导。领导听过二人叙述，严厉责骂了刘小光，并扣罚刘小光当月奖金，通报局里，记过一次。

就在同事都为吴冕的胜利而感到欣慰时，吴冕却走到分管领导面前，请求他不要将此事上报局领导，也不要给刘小光记过处分。他说："如果刘小光今天没喝酒，我给他提意见他会接受的，正是我没有顾及他喝了酒，又口出恶语刺激了他，才造成了这样的后果。"

刘小光原以为吴冕会乘人之危，说他的坏话，没想到他把错误揽向自己，他从此扭转了对吴冕的态度，成了吴冕最亲近的朋友。

我们正准备安心做一件事时，遭到别人的骚扰着实让人闹心。刘小光酒后闹事，扰乱了同事的正常休息，吴冕出面指出导致两人矛盾升级。在分管领导责罚刘小光的时候，吴冕却出面求情。这是因为吴冕及时地自我反省，找出了自己在这次错误事件中的角色作用，分析出“要是自己顾及刘小光饮酒后的情绪不稳定，好言相劝的话就不会发生此类事件”。这正说明，别人如此冒犯，有时是自己有错在先。

卡耐基有这样的忠告：如果批评者在谈话刚开始时就先谦逊地承认自己也不是无可指责的，然后再指出别人的错误，那么情形就会好得多。

面对别人的过错，我们切不可急于反戈一击，而是应该冷静分析、自我反省，找出自己的不足，及时承担相应的责任。这既是一个人大度为怀的体现，也是一个人成熟稳重的体现。只有这样，我们开展工作才会更加顺利。

1. 勇敢地自我批评是一种担当的体现，这样可以凝聚人气，增加信任感。

2. 既然是主动自我批评，就要摆正心态，不要假装大度，内心却感觉委屈。如果只是虚情假意做做样子，没准会适得其反。

第四篇

优化表达　把话说到下属心窝里

第7章

打造修辞，让发言文采飞扬

同样是领导发言，有的人洋洋洒洒几千字，听者却并不觉得疲劳，而有的就短短几百字，却让人听着厌烦，十分难受。

好的演讲者，或许声音抑扬顿挫，或许所讲的内容涉及听者切身利益，但你有没有注意到一个共同点：他们的发言都很有文采？

或是一连串非常有气势的排比，或是发人深省的反问，或是妙趣横生的夸张，或是精彩贴切的比喻……

必要的修辞，就像是美味佳肴中的作料，看似每种都可有可无，但合理搭配，必能锦上添花。

1 排比，让话语更有气势

作为领导或在正式场合做演讲、做报告，或与员工谈话，听者常常出现演讲疲劳综合征。如果讲话者所讲内容缺乏新意，语言干瘪枯燥，则更会让听众感到乏味，备受折磨，使谈话缺乏共鸣而归于失败。

不过，领导者不必犯愁，不是没有办法！

用排比来取得奇效，这一说话技巧众所周知，有些领导对此可谓轻车就熟。将三个或三个以上的意思密切相关、结构相似、语气连贯的句子排列起来，可以增强演讲的气势，感染听者。

安徽卫视有一档叫作《超级演说家》的综艺节目，是一款真人演说秀。第一季、第二季中聘请了鲁豫、李咏、乐嘉、林志颖四位表达力超强的明星做评委。在导师表演秀中，“不老偶像”林志颖有这样一段演说：

“我不是偶像，其实我是科技达人，我在这里只要轻轻地按下按钮，家里的客厅就会变成KTV。

“我不是偶像，其实我是赛车手，我可以为了赛车而豁出性命。这张图呢，是有一次赛车出事故，我的脚受伤，打了三根钢钉。

我不是偶像，其实我是为人夫、为人父，现在每天只要有时间都会陪着小小志跳舞，有时候他还嫌我跳的舞太落后了，让我跟着他跳街舞。我呢，只能跟随儿子从客厅跳到厨房。其实这么多年最辛苦的就是我老婆，今天我想在这里说：‘老婆，谢谢你，我爱你……’”

“不老偶像”林志颖的演讲，除了其明星光环带来的关注度之外，更重要的是他讲了什么，怎么讲的？林志颖用一连串的排比，力排“偶像”标签，展现了一个不一样的自己。

讲话的精义就在于要感染人、打动人，从而达到“迷惑”大家的理智，赢得大家支持的效果。所以，煽情、升华是非常重要的。这一点，用排比就完全可以做到！

马尔泰很幸运，他的顶头上司斯皮尔老头终于光荣退位了。当马尔泰接手工作时，一脸兴奋的他遇到了麻烦。公司里有一个叫努尔的年轻人因为与女友分手而整天意志消沉，影响了工作，而且动不动就发脾气，让整个办公室的气氛十分紧张。

马尔泰觉得应该找这个家伙聊两句了。他把努尔叫到自己的办公室里，递给他一份日报，上面的头条正是当时的热点新闻马航事件。马尔泰问努尔：“相信你也看了这则新闻吧？”

努尔被问得一头雾水，回答道：“当然会关注这样的热点新闻。”

“是啊，多么让人惊骇的一件事啊！但我们不妨这样想一想，如果马航能安全返航，如果你是机上的一员，当你双脚踏上陆地的一刻，你是否还会为了事业不顺而心烦？是否还会为了感情纠结而痛心？是否还会为了一时得失而苦闷？人生是一段旅程，不能因为一片乌云而忽略了整个蓝天！一切都不重要，只要还有生命。好好爱自己及周围的人，才能体验幸福的存在。看着你这么憔悴，我心里都难受，转移你的注意力吧，比你不幸的人多的是！”

努尔在上司马尔泰的鼓励下走出低谷，心态越来越好，最后还成了马尔泰最得力的助手。

努尔因失恋而整日心情沉重，还把办公室的气氛弄得十分紧张。这样下去肯定会耽误正常工作，影响公司业绩。然而，马尔泰在给他做思想工作时，并没有劈头盖脸狂轰滥炸，而是借用“马航失事”事件，通过一连串的排比，将内心的期盼全部抛出。努尔在这种强势排比的话语中听出了激励，所以才会转正心态。

排比是一种修辞手法，利用三个或三个以上的意义相近、结构相同和语气相同的词组、句子或段落并排，将事物进行比较，达到一种加强语势的效果。但要注意以下两点。

1．每个句子之间的关联性，不要为了拼凑气势，将跟谈话主题无关的内容连到一起。其实，有时候，伤其十指不如断其一指。与其东扯西拉，不如单就一点，集中火力猛攻，更有气势。

2．排比，正如道生一、一生二，排比的段落或句子是以一种递进的方式排列，营造出一种雷霆万钧的气势，同时朗朗上口，富有乐感。

2　比喻，让讲话更具文采

在军阀混战的1927年，鲁迅在广州的暑期学术会做了题为《魏晋风度及文章与药及酒之关系》的演讲。为阐明司马氏杀嵇康与礼教的关系，鲁迅特意打了个“容易明白的比喻”：“譬如，有一个军阀，在北方……那军阀从前是压迫民党的，后来北伐军势力一大，他便挂起了青天白日旗，说自己已经信仰三民主义了，是总理的信徒。这样还不够，他还要做总理的纪念周。这时候，作为三民主义真正的信徒，是去呢，还是不去呢？不去，他那里就可以说你反对三民主义，从而定罪，杀人。但既然在他的势力之下，没有别法，真的总理的信徒，倒会不谈三民主义，或者听人假惺惺地谈起来就皱眉，好像反对三民主义模样。”

对于魏晋历史不够了解的人们，要一下子理解司马氏杀嵇康与礼教的关系并非易事。于是，鲁迅打了一个比方，借用北洋军阀打着“三民主义”的旗号，杀害真正的三民主义信徒这一当时人们身边的事例，让人们懂得，司马氏名为维护礼教，实则出于私利，杀害了真正遵循礼教的嵇康。

说话时，对于比较专业或深奥的问题，我们不妨用比喻的方式“借”着说，让人们更容易、更具体地弄清问题。

比喻就是打比方，是应用最广泛、最普遍的一种修辞方法，也是一种形象化的表达方法，化抽象为具体，化深奥为浅显，它一出现，就使人精神为之一振。

用比喻，可以让当事人更清晰地辨明是非，坚定正确的选择。

著名画家黄宾虹的一个徒弟画了一幅画，他的几个师兄弟纷纷提出这样那样的意见。这个徒弟不知到底该听谁的，就去请教老师。

对此，黄宾虹先生说：“你如果把每个人的话都当真，自己就要无路可走。比如，一个老翁和一个孩子用一匹驴子驮着货物去卖，货卖出去了，孩子骑着驴回来，老翁跟着走，但路人责备孩子，说他不懂事，叫老人徒步；他们互相换了一个位置，而旁人又说老人狠心；

老人忙将孩子抱到鞍韂上，两人一起骑着驴，后来看见的人却说他们残酷；于是两人都下来，走了不久，可又有人笑他们了，说他们是呆子，空着现成的驴子不骑。于是老人对孩子叹息道：'只剩下一个办法了，就是咱们两人抬着驴子走。'所以，如果你完全听信别人的话，结果往往会造成抬驴子走的结果。希望你在听了别人的意见后，仍要自己思索，自己做主……"

三国时魏国一位思想家刘劭曾言，善喻者以一言明数事，不善喻者百言不明一意。事例中黄宾虹为了帮助徒弟坚定自己的想法，摆脱被其他人的言语所左右的窘境，利用一个寓言，把徒弟比喻为老翁和孩子，把提意见的人比喻为说闲话的路人，告诉徒弟，不管你怎么做，别人都会说三道四，对你不满意。最终得出结论：与其这样，不如索性自己做主，想怎样就怎样。

生活中，当有人困惑于是否听从他人的意见时，我们可以用比喻的方式，为他讲明"为自己做主才是最明智又可取的选择"这个道理。

用比喻，可以让固执己见的人明白自己的错误，放弃荒唐的计划。

公元前300年，秦昭王派泾阳君到齐国做人质，并求见孟尝君。孟尝君准备去秦国，而宾客都不赞成他出行，规劝他，他却执意前往。

这时陪伴燕王质子在齐国做大臣的苏秦，对他说："今天早上我从外面回来，见到一个木偶人与一个土偶人在交谈。木偶人说：'天一下雨，你就要坍毁了。'土偶人说：'我是由泥土做成的，即使坍毁，也要归回到泥土里。若天真的下起雨来，水流冲跑你，可不知会把你冲到哪里去。'当今的秦国，是个如狼似虎的国家，若您执意前往，一旦回不来，您能不被'土偶人'嘲笑吗？"

孟尝君听后，悟出了其中的道理，取消了出行的计划。

秦国仰慕自己并邀请自己出访，面对如此的扬名机会，孟尝君岂肯放弃？于是他坚持要出访秦国。面对孟尝君的坚持，苏秦没有像其他人那样一味地说服，而是借着木偶人和土偶人的故事，让对方明白，一旦离开自己的根据地，就会像一叶飘萍，没有根基，经不住风浪。苏秦的旁敲侧击，使得飘飘然的孟尝君猛然惊醒，意识到自己的轻率，理性地放弃了出访计划。

用比喻，为疑虑重重的人打开思路，让他们换个角度看待问题，他们就会豁然开朗，支持你的决定和建议。

一次，姜明在主管瞿学鸿面前诉苦，说自己尽心尽力去做事，可总有人说自己的不是。

瞿学鸿说："小姜啊，夜晚天空挂着的那轮皎洁的月亮多好啊，可是人们对它却褒贬不一。很多人认为它把夜空照亮，让自己走在路上不再担心坏人的伤害，说它好；可是因为月亮的光明，盗贼没有办法潜入他人家里偷盗，就说它坏！无辜的月亮尚且遭人非议，生活在世上的每个人恐怕也在所难免啊。你放心吧，我会用自己的脑子去想问题，不会被少数心怀不轨之人的口舌所左右的。"

和姜明不对付的一些人在背后说他的坏话，他担心因此影响自己在领导心目中的印象。作为领导，瞿学鸿为了给姜明宽心，就用月亮做比喻，安慰对方不必为旁人的飞短流长所忧虑，自己会公正对待，从而打消了对方内心的顾虑。

这里所说的比喻技巧，可以使复杂的问题简单化，使深奥的道理浅显化，使抽象的概念具体化。运用时，要注意以下两点：

1. 比喻与被比喻的两种事物，应该具有一定相似点但又分属不同类别的事物。

2．作比喻的事物要具体、为人所熟知、常见、易懂，能使人清楚地了解本体和喻体之间的关系。

3 对比，让观点更加突出

“二战”时，美国奉行孤立主义政策，拒绝对同盟国给予武器和兵力的支持。面对同盟国节节败退的不利形势，洞悉其中利害关系的总统罗斯福心急如焚。

在国会会议上，罗斯福对全体议员说：“只求自保，不去帮助同盟国，并不能让我们真正置身于战争之外。一旦同盟国战败或被消灭，那时，轴心国的矛头势必会指向我们，我们的国土将会被战火烧得漫天通红；相比之下，如果我们及早给他们以支援，将会在最大限度上降低我国卷入这场战争的可能性，更有利于我国的安全。所以，援助盟国就是援助自己，而如果不及时伸出援助之手，我们也将自食其果，最终成为受害者。”随后表决通过，废除了武器禁运，修改了中立法。

说话时，罗斯福运用对比的手法，让众人知晓了援助和不援助这两种做法的利弊，让大家清楚怎样做才是更好的选择。

工作和生活中，面对各种无法直接表述清楚的话题，我们不妨采用对比手法，把事理表达得更明了、更透彻，对比之下自见真知。

李照楠进入软件公司后，经常在外面揽私活挣外快，工作受到不小的影响。孙主管找到他说："小李啊，不怕你笑话，老哥哥我刚进公司时，一心想着多挣点钱，让自己过得舒服些，所以经常在外面找些活做，结果第二天工作都提不起精神来；几年下来，和我一同参加工作的都做出了成绩，大多成了行业里的佼佼者，而我虽然挣了点钱，但专业水平比刚毕业的大学生强不了多少。回头想想，自己这是捡了芝麻丢了西瓜啊。想当初，如果自己一心做好工作，把专业技能修炼好，挣的钱比那些外快不知道要多多少呢。"

听了主管的一番教导，李照楠如梦方醒，毅然推掉所有工作以外的活，一门心思研究软件开发。

李照楠一心忙于挣外快而疏于工作及专业能力的提高，孙主管把自己昔日一心找私活挣钱的蹉跎与同事潜心专业取得的成功进行比较，劝诫对方，专业能力才是我们的根，是我们的工作真谛和当务之急，如果不给予专业技术这块土壤更丰富的养料，那些名和利也就不复存在。这一番发人深省的掏心窝子的话，促使李照楠幡然醒悟，重新找到自己的生活重心。

没有不吃腥的猫，可要是告诉那只猫，鱼虽腥但吃了之后后果严重，那只猫再有胆子也不敢动鱼一下。好坏一对比，当事人自然就知道该怎样选择了。

一次在培训现场，当谈到职场中的竞争与合作时，中国式管理大师曾仕强说："一次，我到河边钓鱼，遇到一捕蟹老人，身背一个大蟹篓，但没有上盖。我提醒老人说：'大伯，你的蟹篓忘了盖上。'老人慈祥地看了我一眼，说：'谢谢你的好意，但我想告诉你，蟹篓可以不盖。要是有蟹爬出来，别的蟹就会把它钳住，结果谁都跑不掉。'有的人就很像蟹。记得某地发生大地震，有个小煤矿的工人们谁也不甘落后，争先恐后地往外挤。由于坑道口太小，把出口堵死了，结果谁也无法逃生。而在附近还有一座小煤矿，队长当时很镇定，他大声喊道：‘大家不要挤，一个一个来。’他自己并不急于逃生，而是留在后面指挥。结果二十多个矿工全部都安全逃了出来，他自己也脱离了险境。人在职场，乃至生活中往往就是这样：你不给别人活路，最终将会自断生路；你给别人机会，其实也等于给自己机会。”

在讲述了“螃蟹”的故事后，曾仕强以此为铺垫，把地震后不同的两座煤矿的工人们在逃难时的表现，以及由此造成的结果进行对比，向人们道明，人与人之间只有充分合作，才会实现共赢；而靠剥夺别人的利益来为自己谋生，最终自己也会失去生路。

《红楼梦》第四十八回中，薛蟠要跟随张德辉外出做生意，薛姨妈担心薛蟠在外惹事，不肯答应。

宝钗笑道：“哥哥想出去学做买卖，这是好事。就是怕他在家里说得好好的，到了外面又学坏。但光是发愁也没有用，妈妈想想，他如果真的改好了，是他一生的福。如果他不改，妈妈你又能有什么办法呢？我们只有一半尽人力，一半听天命吧。哥哥越来越大了，如果一直把他关在家里，不让他出去做事，那他就永远不会成器。既然哥哥自己说了要出去做正事，那妈妈你豁上八百一千两银子，让他出去闯荡一下；有伙计们帮着，想必不会轻易让别人骗去的。再就是，他出去后，既没有那帮狐朋狗友跟着捣乱，身边也没有什么人可以倚仗，吃穿只能靠自己，说不定会比待在家里更省心呢。”

薛姨妈听了，考虑了半天，说：“你说得有些道理，那我就花上几个钱，让他到外面历练历练吧。”

在劝说薛姨妈正确对待薛蟠外出做生意这件事上，宝钗把是放还是关的利弊拿来对比剖析：放，虽然免不了薛蟠在外既浪费了钱财又惹祸，但有助于增长他的人生阅历，无疑是种宝贵的经验；关，不但没怎么让家人省心，反倒可能造成薛蟠永远无法成器的结果。听了宝钗一番实实在在的分析，面对摆在眼前的矛盾冲突，权衡之下，薛姨妈领会了宝钗的心意，放行。

倪萍，连续十三年主持“春晚”，是主持界当之无愧的“大腕”，更是全国观众心目中不折不扣的“梦中情人”。如今，淡出荧屏的倪萍如大多数女性一样，过着朴实平淡的生活。

一次在路上，一位观众问她：“倪老师，离开了主持人这个岗位，告别了春晚，您有什么感想？”倪萍说：“很多人说离开春晚，是我最大的遗憾。其实我觉得如果你的人生只有上春节晚会这一件事，那你肯定难受。人生至少有十件和上春节晚会一样重要的事。放下主持‘春晚’这件事，其他的事一下子就会补充上来。我不会把人生中最辉煌的经历当作生命的终点。我知道，‘春晚’是我最珍贵的记忆之一，其他的名与利都不重要。”听了倪萍的话，那位观众很佩服倪萍的淡定、从容。

倪萍把自己做主持工作那段时期与整个人生相比，告诉我们，那段时间无论多么辉煌，但毕竟只是整个生活的一个组成部分。生活是多姿多彩的，即使旧日光环褪去，将来的生活依然会让你的人生闪烁出耀眼的光芒。倪萍这一番花开花落、云卷云舒的智慧言语，为她赢得了观众的尊重。

列出两类既有关联又在本质上有一定区别的人或事物，用对比方式进行前呼后应，将使各自的特点在相互对比中更加突出，也使我们的谈话主题更鲜明，更让人信服。对比的角度有很多，包括是非对比、古今对比（也称今

昔对比）、人我对比、利弊对比、正反对比等，但要注意以下两点：

1. 用来对比的两者或多者之间应该存在可比性。

2. 对比应该放置在统一标准下进行，这样才显得真实、公平。

4　反问，让听者加深印象

约瑟夫二世拟将维也纳的皇家公园对外开放。听到这一消息，有位贵族惊恐不安地叫道："如果连普通百姓也允许自由进出皇家公园的话，那么我，还有与我同等的人，到哪儿去散步呢？"

皇帝说："照你这样说来，我只能到托钵僧的地窟（专门埋葬帝王的地方）里去散步吗？"这位贵族无话可说，只得诺诺地退下。

约瑟夫二世采取亲民政策，允许普通百姓自由出入原来只有贵族及以上阶层才有权进入的皇家公园。发现自己的特权丧失，贵族因此声称，以后没有散步的地方了。皇帝没有理会贵族的胡搅蛮缠，而是仿照对方的逻辑，反问贵族，自己是不是只能到地窟去散步，从而让贵族无理而退。说话时，不去直接回答对方的问题，而是根据对方的说辞，转而向其提出疑问，可以起到比直接回答更好的效果。

面对满目疮痍的现场，无论谁都会有一种揪心的痛。可当问到受灾群众缺什么，需要什么帮助的时候，有一位受灾的群众对我说："给我们送点玉米种子来吧，赶着现在种下去，秋天我们就有吃的了。"那不是一句当时就会让人热泪盈眶的话，却让我在心里反复回味。这就是我们最质朴的乡亲，遭受了那么大的灾害，失去了那么多亲人，但他们想要的却是种子！种子不就是希望吗？

这是张泉灵在《向世界报告映川》的演讲中的一段话。在汶川特大灾害面前，受灾乡亲想要的是种子。张泉灵迅速捕捉这一细节，巧用反问，强调有种子就有希望，就有光明的未来，表现了汶川人民抗震救灾的顽强精神，向全世界展现了中国人民的伟大与坚强。

身为领导，当对方用两把尺子量人，居心不良、强人所难时，我们可以采用比对的方式反问，让对方自作自受、哑口无言。

以假设的方式反问，使对方反思错误。

齐襄王时期，齐国发展很快，国势非常强盛。一次，齐王派遣使者问候赵威后，还没有打开国书，赵威后问使者："今年收成还好吗？老百姓生活得怎么样？你们的大王好吗？"

使者有点不开心，说："臣奉大王之命向太后问好，您不先问我们大王的状况，却先打听收成、百姓的状况，怎能把低贱者放在前头而把尊贵者放在后边呢？"

赵威后反问道："如果没有收成，百姓凭什么繁衍生息？如果没有百姓，怎么会有国君？哪有不问根本而去问末梢的人呢？"使者一时语塞。

齐国使者责怪赵威后不该先问候庄稼的收成和齐国的百姓，然后才问候齐王。赵威后没有直接道明原因，而是反问对方，如果没有作为一国之本的粮食来供养齐国，没有平民百姓来保护齐国，怎么会有表面最尊贵实则无足轻重的齐王呢？一番掷地有声的质疑，使得使者意识到自己的浅薄和无知。

作为领导，当对方傲慢无知、见识短浅时，我们采用假设的方式反问，可以让对方更深刻地认识到自己的错误。

反问用在大型演说中，颇具鼓动性，能让听者激情澎湃，从而获得最大的支持。

1940年6月18日，法国总统戴高乐在英国伦敦布什大厦向法国人民做了一场鼓舞人心的广播演讲。他开头说：“担任了多年军队领导职务的将领们已经组成了一个‘政府’。这个‘政府’借口军队打了败仗，便同敌人接触，谋取停战。我们确实打了败仗，我们已经被敌人的陆、空军的机械化部队所困。我们之所以落败，不仅因为德军的人数众多，更为主要的是他们有飞机、坦克和作战战略。正是敌人的飞机、坦克和战略使我们的将领们惊慌失措，以致出此下策。难道败局已定？难道胜利已经无望？”

在世界反法西斯战争最艰难的时刻，戴高乐先用一个肯定式反问句，说败局没有确定；接着又用一个否定式反问句，说胜利已经在望。在这里，戴高乐运用反问的综合式，慷慨激昂，语气强烈，以非凡的胆量和气魄，告诫人们永远不能言败，并且预言了反法西斯战争胜利的曙光即将来到，极大地增强了法国人民反法西斯斗争的信心。

巧妙地运用反问技巧，能增强语气，更添语言魅力，激发对话者的思想感情，唤起对方的参与意识，使对话双方共同进入交流的最佳境界，充分发挥谈话的教育作用和激励作用。

5 夸张，让发言趣味横生

有一天，三位好友聚在一起喝茶聊天，聊着聊着聊到了面子问题，怎样才算最有面子呢？三人各自吹嘘自己认为最有面子的事情。

甲君率先发表意见：“我觉得我经历的最有面子的事情，是上次我单独被邀请到总统府与总统进行会谈。”

乙君听了笑笑，说：“这不算多有面子，我上次到总统府与总统单独会谈，电话铃声响了，总统继续跟我讲话而不去理会那个电话。”

丙君嘴角一扬，说：“那还不算多大的面子，我到总统府与总统单独会谈，电话铃声响了，总统接听后连连点头，之后将电话递到我面前，说：‘找您的。’”

案例中，三人都有一个共同的特点，即为了达到强调或滑稽的效果，而有意识地使用言过其实的词语，也就是日常所说的夸张。如此一来，三人谈话效果兼具“笑果”，让人忍俊不禁。这说明，我们在和同事或下属沟通交流时，适当地运用夸张的表达方式，可以使语言趣味横生，夸出不俗的“笑果”。

在拥挤的公共汽车上，汽车一个急刹车，大家前仰后合。一位女士喊起来：“哎呀，谁踩到我的脚，疼死了，请小心点。”可是，另一个粗野的声音在车厢里回响起来：“哎哟，那么娇贵啊。轿车上不会有人踩脚，谁叫你坐这车来着？”女士听了，觉得这人非常无礼，便反问：“是吗？莫非你是教我向你学习，一脚一脚把满车的人都踩跑，剩下我一个人独自享用这辆最大的轿车吗？那多不好意思啊。”这一下，对方再没声音了。

乘客踩了女士的脚不但不道歉，反而出言不逊，幸灾乐祸地说“想舒服干吗不坐轿车”。面对对方一派无礼之言，女士毫不退缩，而是接着对方的话头，质问对方是不是在提醒自己可以通过踩跑所有人的方式，把公交车变成自己的私家大轿车。一番夸大其词的反问，使对方无言以对，也不伤彼此和气。

有时，员工在出现工作失误时，态度却满不在乎，直接说他或许还会狡辩几句。这时，我们可以按照对方的逻辑，把问题夸张放大到荒谬，对方就不会再无理取闹了。

秦国攻打东周，颜率以九鼎为代价，诱使齐国出兵保住周室。事成之后，周显王不想将九鼎送给齐国，便派颜率为他说服齐王放弃九鼎。

颜率来到齐国，对齐王说：“我东周仰靠贵国的义举，百姓才得以平安无事，因此甘愿把九鼎献给大王。不知贵国要借哪条道路把九鼎从东周运回到齐国？”齐王说：“寡人准备借道梁国或者楚国。”颜率反驳道：“不可以。梁国和楚国很早就想得到九鼎，九鼎一旦进入他们的国境，必然很难再出来。”齐王说：“那么寡人究竟从哪里把九鼎运到齐国呢？”颜率说：“我东周君臣也在私下为大王这件事忧虑。当初周武王伐纣获得九鼎之后，动用了九九八十一万人把九鼎运回来。此外还要准备相应的搬运工具和被服粮饷；如今大王即使有这样的人力和物力，也无法安全地把九鼎运回齐国啊。”

齐王无奈，只得打消获得九鼎的念头。

吐口唾沫砸个坑，况且是一国之君，怎可自食其言？为了使齐王自己提出放弃九鼎，颜率在设法让齐王无法借路运鼎后，继续故意夸大运鼎沿途所要花费的人力、物力和财力，进一步加大对方的畏难心理，从而令其主动打消运鼎回国的想法。

可见，在谈话时，当对方掌握主动权、志在必得时，我们可以采用夸张的方式，钻对方不了解内情、欠缺经验的空子，进而营造有利于自己的势态，使对方打消旧念。

2010年7月22日，励志人物传记《窗边的男孩》在北京首发，作为这本书中文序言的作者，姚明也来到了首发式现场。刚刚做父亲的姚明脸色有点憔悴，未经修理的胡子让他看上去多了几分沧桑。和记者们落座交谈，有熟悉的人打趣说："看你好像没睡醒啊，是不是当奶爸太辛苦？"

姚明展示一贯的爽快和幽默，答："我家现在有我爸、我妈、她爸、她妈，还有我们两口子，一共六个人围着孩子转，抢孩子比抢球难多了，轮不着我辛苦。"紧接着，姚明又笑称："其实，我在喂奶和把尿方面已经锻炼得非常熟练，半夜里只用一个脚指头就可以给孩子换尿片和喂奶了。"他此言一出，在场的记者们全都瞠目结舌了。见大伙儿不信，姚明有些得意地说："我醒过来，踢一下老婆就行了嘛。"

在谈话中，夸张不仅能调动气氛，更容易激起听者的参与感。正如姚明这样，"吹嘘"自己"抢孩子比抢球难多了""只用一个脚指头就可以给孩子换尿片和喂奶"，用的就是夸张的语言，不仅缓解了尴尬的氛围，从而还引起了记者们的好奇，他们脑海里马上浮想联翩，"小巨人"究竟是如何用一个脚指头给孩子换尿片的？在勾起众人探根究底的欲望之后，姚明才得意地揭开谜底："我醒过来，踢一下老婆就行了嘛。"一个戏剧性陡转，顿时产生了意想不到的搞笑效果。

谈笑风生的领导自然左右逢源，让人有亲近感。不论是批评还是会议讲话，我们都可以适当优雅，运用夸张的谈话技巧，便可以取得好的谈话效果。

使用夸张的手法时应该注意以下三点：

1．夸张要合乎实际情况。夸张不是吹牛，要有事实依据。既要充分调动听者的想象力，还要考虑听者的直观感受和接受能力。

2．夸张要明显。夸张的主要目的是凸显事物的独特性，不能既像夸张又像叙述。

3．夸张要配合一定的肢体动作。如果有适宜的肢体动作，配合说话者的夸张描述，既形象生动，又不失风趣，可以增强现场的互动。

第8章

玩转幽默，让沟通变得轻松

职场中，我们的工作是教条化的，一些条条框框的工作制度、规范更是生硬的，但人是有情的，工作方法与技巧也应该是灵活多变的。

与人交往，我们应该脸色柔和一些，幽默是引发喜悦和快乐的源泉，适当地幽默一下，就会缩短双方的距离，正所谓“一分幽默照亮一片天”。

一个谈笑风生的人，不管是人际沟通、商业谈判、职场演说，都能给人轻松愉悦的感觉，让人在轻松一笑中解除一天的疲劳，从而让职场人际关系变得更加和谐。

了自己的心意。

没有态度不成人生，对于任何事情，我们都有表明自己态度的权利，但不论是什么态度，都没有必要非得一本正经，让人感觉有压力。来点笑料，未尝不可。

林浩和郑岩是好朋友，郑岩当上经理后，林浩鼓动郑岩，让他提拔提拔自己。

郑岩知道林浩不具备提拔的条件，又不好意思拒绝，就说："有这样一个故事：说是有个国王想去打猎，就召集王公贵族进行磋商。他问一位大臣天会不会下雨，那位大臣说不会。于是，大家就出发了。走到半路，他们碰见一个骑着驴子的农夫。农夫说天肯定会下雨，劝大家回去。大家鄙夷地朝他笑笑，继续赶路。然而，走不多远，天就下大雨了，他们被淋得浑身湿透。回到王宫以后，国王立即召见了那个农夫。'告诉我，你怎么知道天要下雨的？''我不知道，是驴子告诉我的。''驴子怎么会告诉你？'国王问道。'竖起它的耳朵，陛下。'农夫答道。国王买下驴子，封了它一个官职。而在这个问题上，国王犯了一个大错误。从那以后，驴子都想当官了。"

林浩听了，不再强求了。

拒绝别人大多情非得已，但如果拒绝别人的时候能用笑话来引导，会缓和对方被拒绝后受到打击的情绪。碍于朋友关系，尽管林浩差强人意，郑岩还是不愿直接说明原因，拒绝对方的要求。而是通过一个"驴子能够预测下雨"的故事，暗示对方，不是什么人都可以得到提拔的，要想获得提拔，就得有真本事，从而让对方知难而退。

在演说或者是会议发言中适当引用、穿插引人发笑的谈资既能活跃现场气氛，也能提高感染力。这里总结了几招制造笑点的方法，供大家参考：

1. 借助一些网络流行语制造笑点。

2. 制造笑点的最高境界是自嘲，要有点自我调侃的勇气。

3. 夸张地表达或加工搜集的材料，也可以制造笑点。

4. 特殊的表达方式，比如大词小用、偷换概念等。

但同时要注意：第一，在准备制造笑点时，应该先保持神秘感，不能还没开始讲话，自己就先笑了，让人莫名其妙；第二，讲任何事情或笑话，都不要通过贬低别人来抬高自己。

2 拿自己开涮，逗别人开心

《红楼梦》里讲刘姥姥二进荣国府时，在一个饭局上，她明知凤姐和鸳鸯会存心拿她开涮，却不等别人开口，自己先正儿八经地表演起来，高声说："老刘老刘，食量大似牛，吃一个老母猪不抬头。"说完后，鼓着腮帮子，两眼直视，一言不发，逗得贾府的媳妇千金们笑得前仰后合。

刘姥姥没等凤姐和鸳鸯动口，自己抢先玩了个自嘲，逗得大家笑得前仰后合，一下子博得了大家的好感。有人总认为自嘲浅薄轻佻、庸俗低下、有伤大雅，这实属偏见。自嘲不是自轻自贱，更不是自取其辱。而是当事人以自己的智慧和大度，融洽了与他人之间的关系，展现了自己的人生态度和境界。

拿自己的名字谐音开涮。每个人的名字都是独特的，即便是重名重姓，也能借此发挥，展现自我，向听者展示不一样的自己。

传说古代有个石学士，一次骑驴不慎摔在地上，一般人一定会不知所措，可这位石学士不慌不忙地站起来，说："亏我是石学士，要是瓦的，还不摔成碎片？"一句妙语，说得在场的人哈哈大笑。

从驴背上摔了下去，在旁人看来该是多么尴尬的事情，还不赶紧灰溜溜走掉？可这位石学士大大方方地把尴尬的局面和自己的名字结合起来，一番自嘲，让大家大笑之余，也缓解了紧张的心情。

拿自己的外形特点开涮。这是最为常用的自嘲方式，因为我们对自己最了解不过，把自己的特点放大，加以自嘲，效果不错。

公司经理吴玄清的相貌极具特点——谢顶，让人过目难忘。一次，吴玄清为公司的新职员发表题目是"人生一定要精彩"的演讲，一开场就拿自己开涮："儿子小时候写作文，题目叫'我的理想'，儿子在文中写道：'我想做科学家、想做医生、想做教师、想做水手、想做作家，想做的职业太多，所以一时还不能确定，不过，唯一可以确定的是，我将来一定不会当经理。'我好奇地问儿子：'为什么，经理不是挺好的吗？'儿子的回答令我大跌眼镜，儿子说：'我才不当经理呢，我要保护我的头发……'"讲完这个故事，他举起手，摸了摸自己光秃秃的头顶。顿时，台下的职员们被这位勇于自嘲的上司的这两句话逗得前仰后合。

领导在台上讲话，台下的新职员一定很紧张，大气不敢喘。为了缓和紧张的气氛，吴主管拿自己光亮的秃顶开涮，通过和儿子交流理想入手，一番铺垫，借孩子的嘴巴表达出“如果当经理，将来就会秃顶”的童真之言，这样搞笑的自嘲之语从上司嘴里说出，大家怎么会绷得住呢?

拿自己的职业开涮。对自己所从事的职业或自己所处的职位进行嘲弄，让人了解自己。

有这样一个典故。抗战胜利后，张大千从上海返回四川的老家。临行前好友设宴为他饯行，并特邀梅兰芳等人作陪。

宴会开始时，大家请张大千坐首座，张大千却说：“梅先生是君子，应坐首座，我是小人，应坐陪座。”梅兰芳等人都不解其意。张大千笑说：“不是有句话‘君子动口，小人动手’吗？梅先生唱戏是动口，我作画是动手，我理该请梅先生坐首座。”

满堂来宾为之大笑，并请他俩并排坐首座。

张大千很想表达自己对梅先生的敬意，但又不想因此把宴会的气氛搞得那么凝重，于是主动抛出“自己是小人，梅先生是君子”的说法吊起大家的胃口，在大家的追问之下，张大千才不紧不慢地拿自己的职业开涮，说明自己的理由。一番幽默的“自嘲”之言，既能够表现出对梅兰芳的尊重，同时也很好地调节了现场的气氛，让来宾少了些陌生感。

拿自己的不利处境开涮。越是困难险境，越该洒脱面对。自我挖苦不仅豁达乐观，更能带动身边的人积极地思考问题。

哈森在本地一家大型企业公司的行政部门工作，但是自从所在公司和另外的一家公司合并上市后，新公司要重新合并安排人手，要选择更为优秀的人才任职，哈森便在人事变动的波流中沉浮不定了。几经周折，哈森暂时在新公司外联部门工作，因为刚到新公司对很多事情不熟悉，不少该公司的老员工似乎对他都不太友善，而且哈森的人事调动也还没有完全确定下来，因此他比较恐慌，怕被新公司裁掉。直到有一天哈森向新同事自嘲道：“他们可不敢把我革职。”大家不解地看着他，于是他继续解释说：“因为什么事我都远远落在其他的人后面啊。”

周围的同事听到后，都不由得大笑起来，此后，陌生的隔阂仿佛一夜之间全消除了。

哈森表现不突出，在新公司属于边缘人员，随时都有被炒鱿鱼的可能，老员工们因此也没完全把他当作同事看待，态度冷淡，怀有戒心。面对工作和人际上的双重不利，哈森自觉地拿自己工作朝不保夕的这种局面开涮，以一种死猪不怕开水烫的放松心态面对，一下子让大家绷紧的神经松弛下来，从而也拉近了和同事的关系。

一般，善用自嘲这门技巧的人都是从以下几个方面引申发挥的：

1．善于发现自己的形象特征，对自己的长相进行自嘲。

2．总结自己的经历，比如自己的工作现状和生活遭遇，或曾经做过的蠢事。

3．对比式自嘲，更能增加笑点。比如，人家比富，我们比惨！这叫作以苦作乐。

3 微笑着面对别人的失误

一次，叶公超打电话给台北的《中国邮报》，找发行人余梦燕。

“她不在。请问你贵姓？”

“我是叶公超。”

“叶公超？”接电话的人以为他是在开玩笑，大名鼎鼎的叶公超怎么可能会找他们的发行人呢？想到这儿，他马上贸然抢白道：“你要是叶公超，我就是叶公超的老子。”

“好，那么，爸爸。”叶公超顿了顿，将错就错，心平气和地说：“请你告诉我在哪里能找到余梦燕？”

听到此言，接电话的人顿时感觉自己的这个玩笑开大了。幡然悔悟的他立即向叶公超真诚道歉，以求得到他的原谅。

“哈哈！”叶公超听后笑笑说：“没关系，我又怎么会与‘父亲’大人斤斤计较呢？”叶公超的幽默与大度博得了后人的赞赏。

在与他人的交往中，有时难免会受到无辜地伤害或贬损，面对他人的无理和冒犯，此时是针锋相对、相互攻讦、火上浇油，还是保持冷静、巧妙化解、平息事端呢？叶公超为我们做了典范。其实，有时候，彼此之间并没有什么深仇大恨，他人一时的言语过失又会给自己造成什么损失呢？与其因此和他斤斤计较、互相伤害，不如宽容对方、大度化解。

当无意侵犯我们的人向我们道歉时，我们应学会努力站在对方的立场上，淡化其内疚感，更好地帮助他们以后少犯类似错误。

第二次世界大战中，美国五星上将麦克阿瑟夜间巡岗查哨，发现一名哨兵睡着了。随行人员欲上前喊醒这位哨兵，却被麦克阿瑟制止了。他拿起枪替哨兵站了约半个小时的岗。

当哨兵从沉睡中醒来，认出了替他站岗的是司令官时，吓得惊慌失措，赶快跪倒在麦克阿瑟跟前。麦克阿瑟却和蔼地说："兄弟，这是你的枪。这几天，你们不是一路行军，就是跟敌人殊死作战，身体的疲劳是可想而知的，你打瞌睡是可以谅解的。但是，在当前的紧急形势下，一时的疏忽就可能断送全军将士的生命。我正好不困，就替你站了一会，下次可一定要注意！"

哨兵感激地流下了热泪，立正敬礼，大声应道："是，长官！"

面对士兵如此严重的脱岗错误，麦克阿瑟并没有发火，他肯定了士兵这些日子以来的辛苦，而后才指出这种错误的严重性和危害性。运用这种肯定之否定的表达技巧，水到渠成地让哨兵认识到自己的错误。所谓肯定之否定法，就是领导在批评下属之前，先表示对下属的理解和包容，再指出他的错误之处，这样能使下属心存感激，真诚拥戴。

当领导发现下属的严重失误时，直接斥责，会使其产生逆反心理。而运用肯定之否定的方法，可以让下属体会到领导的一片苦心，心存感激，从而反省自己所犯的错误，同时由衷地对领导产生的敬佩之心，领导的权威也在这一过程中树立起来。

有句话是这么说的，能拯救冬的，只有春；能拯救恶的，只有善；能拯救恨的，只有爱；能拯救心灵的，只有宽容。宽恕者能使当事者双方重新建立新的关系，能够使对方从犯错造成的负罪感中解脱出来，使双方关系出现新的发展与机会。

在"Always刘德华世界巡回演唱会2013"个唱举办前，国际知名形象造型师SeanK与概念设计师SK合作，在宣传海报的拍摄场地加建水池，设计一个水花四溅的场景，为刘德华打造一个全新的形象。

拍摄当天，刘德华换好服装后，轻松地走到水池台上。然而，当摄影师喊泼水时，意外的事情发生了，其中一位工作人员泼水时，不小心将水泼到了刘德华的衣领里面。顿时，水顺流而下，几乎把刘德华全身都淋湿了。见此情景，那位工作人员一脸的愧疚和不安，吓得不知该怎么办才好。

对此，刘德华没有丝毫的动怒，他擦了擦身上的水，微笑着对该工作人员开玩笑说："好凉快呀，你越来越大胆啰！"刘德华的幽默，很快就化解了工作人员不安的心情。就这样，被猛泼4小时后，拍摄顺利结束。

面对别人的惶恐和过错，刘德华用豁达与幽默的态度将其巧妙化解。事实上，豁达、大度不仅有益于身心健康，还能赢得他人的信任和支持，保持和谐的人际交往关系。

在日常交际中，我们要怀有一颗豁达包容的心，这样既能温暖他人，又能体现出自身的涵养和素质。

原谅一个人的过错是豁达的，这种豁达只有发自内心才会真诚，如果只是为了表现自己的大度，表面原谅对方，而背后却又议论是非，这种虚情假意一旦被人识破，就会破坏彼此的友谊。

遇到别人的失误，应该就事论事，不要拔出萝卜带出泥，并以豁达、包容的心待之。

4　巧言反语，玩转幽默

反语即通常所说的“说反话”，指的是运用跟本意相反的词语来表达自己的意见。经典的例子就是，某年央视春晚中，姜昆、戴志诚、赵津生合作说的相声《和谁说相声》，其中赵津生有一句“强烈抗议，广告时间插播电视剧”的经典台词，一下赢得了观众热烈的掌声。

显而易见，赵津生这句话是在正话反说，他表面的意思和心里的想法是完全相反的，正因如此，他一语中的地揭露并嘲讽了现在电视剧中乱插广告的现象，让人一目了然且感同身受，很容易接受他的观点，获得了满堂喝彩。

谈话中，有时不便于用“正话”表达时，巧用反语，不但能够让对方领悟自己真正的意图，而且还可以增强幽默的效果。

用明褒实贬的反语，暗示对方的专横。当强势强权的人犯了错时，我们可以用明褒实贬的反语，既不触怒对方，也可以通过暗示使对方认识到自己的问题，并痛快地改正。

战国时期，魏文侯任命乐羊当武装部队统帅，攻陷中山王国，将其并入魏国版图，作为儿子魏击的封邑。有一次，魏文侯问他的臣僚说：“我是什么样的君主？”

大家一致回答说：“仁慈的君主。”只有一位名叫任痤的臣子持异议，插嘴说：“你得到土地，不封你弟弟，而封你儿子，怎么能称得上仁慈？”魏文侯勃然大怒，任痤一看情势不对，立即告辞退出。魏文侯再问另一位臣僚翟璜，翟璜说：“你当然是仁慈的君主。”魏文侯没好气地说：“你怎么知道？”翟璜说：“我知道的是，君主仁慈，臣僚才能正直。所以任痤那么毫无忌惮，那么直爽坦率，我就由此推断。”

魏文侯听后羞喜交加，派翟璜去请任痤回来。魏文侯亲自下台阶迎接，待作上宾。

身为臣子的任痤当众直陈国君的不是，这让魏文侯心里很不爽快。对此，翟璜明着说任痤能够大胆说话，证明了魏文侯当政仁慈；实则暗示对方不肯接受臣子的逆耳忠言，这样的君主还够不上仁义。一番委婉的反语，让魏文侯明白了自己的不是。

用明错实正的反语，赢得对方的好感。当他人无意中损害了你的利益时，我们可以用明错实正的反语，来保存对方的面子，对方对你心存好感的同时，也会为消弭内心的歉意而设法补偿于你。

苏艳红大学毕业，自谋职业，开了一家小超市。她每天都早早地来到超市，把货物摆放得整整齐齐，把卫生打扫得干干净净，让人感觉赏心悦目。

有一天，一位女士带着一个手拿冰激凌的小姑娘进入超市。小姑娘活泼好动，一不小心手中的冰激凌掉到了地上，可两个人都没觉察到。苏艳红走上前去，一边清扫地上的冰激凌一边笑着说：“真对不起，我们的地板跟您孩子口中夺食了，我代表地板向您致歉，它实在是太喜欢吃您孩子手里的冰激凌了！”

苏艳红的热心打动了这位女士，她买了好几样东西后才离开了这里。

我们平时讲究硬话软说，即批评或者否定一个人或者一件事的时候，要避开正面锋芒，尽量避免刺激或者伤害到当事人。顾客手中的冰激凌弄脏了自己的地板，苏艳红明着说错在自己的地板，并向顾客道歉；实则表明自己对顾客所犯的错误不计较，表示理解和示好。面对苏艳红的大度和幽默之语，顾客心生好感，才有了投桃报李之举。

用明喜实怒的反语，警告对方的失责。当别人没把心思用在正地方时，我们可以用明喜实怒的反语，让对方明白自己敷衍工作给别人带来的困扰，从而尽力去做好当做之事。

某高校公开招标，要购买一批电脑。科宝电脑公司参与了竞标。公司姜经理和相关部门商定后，起草了一份竞标书。姜经理叫来刘秘书，要她尽快把这份材料打印出来，并再三嘱咐她注意保密。

刘秘书平日里很注重梳妆打扮，没事就上网淘自己中意的服装。姜经理催了她几次，材料才打印出来。姜经理仔细看了面前这份错字连篇的文件后，强压怒火，故作高兴地对站在一旁不以为然的刘秘书说："刘秘书，我很高兴你能把我的话牢记在心。我曾经吩咐过你，这是一份商业保密文件，但我万万没有想到你竟然如此认真和敬业，居然自己也不敢好好瞧一眼，闭着眼睛就把它打印了出来。"听了经理的话，刘秘书的神情当即变得尴尬起来，表达回去一定好好修改。

刘秘书把上司安排的工作不当回事，草率了事，身为上司的姜经理没有加以呵斥，而是说反话，明着是对刘秘书遵守保密原则做得好而大加赞扬，实则提醒对方要睁大眼睛去做好自己该做的事情。

用明宾实主的反语，点明对方的自私。秘鲁著名作家马里亚特说过，人总是先顾自己的利益。当有人沉醉于自我表现而怠慢他人时，我们不方便因为自己的正当利益被侵犯而迁怒于他人，则可以用明宾实主的反语，让别人认识到自己的自私，自觉摆正位置。

帕蒂·拉贝尔是美国的著名歌手，一次，她举行个人演唱音乐会，可钢琴师在伴奏时，竟然只顾着自己表现，琴声时不时盖过了帕蒂·拉贝尔的歌声。帕蒂几次暗示，但钢琴师都浑然不觉。演唱会结束后，钢琴师还沉浸在兴奋中，丝毫没有觉察到自己的问题。帕蒂走到那位钢琴师面前，热情地跟他握手，并极其谦虚地说："先生，今天我很荣幸能参加你的钢琴独奏会，并且能用我的歌声为您伴奏，特此表示衷心的感谢！"钢琴师听了一愣，当明白过来怎么回事后，愧疚不已。

钢琴师在歌唱家的演唱音乐会上喧宾夺主，这是一件很不礼貌的事情。为此，帕蒂·拉贝尔尽管恼火，可她反话正说，明着是为自己能成为对方的配角而高兴和致谢，实则让对方去反省自己在音乐会上为什么忘却自己的身份，把真正的主角置于次要地位。

话语可以拨动人们的心弦，有时是正拨，有时是反拨，在一定的语言环境里，反拨往往比正拨更有效、更添意趣，不妨一试。

1．正话反说不等于阳奉阴违，不要阴阳怪气，暗箭伤人，让人感觉不舒服。

2．反语既是为了良好的沟通不得已而为之，也能够增强谈话和交流的幽默效果，从而提高和彰显个人的魅力。当然，在运用反语时，我们不但要因时就势，灵活运用反语技巧，也要看人下菜碟，合理利用双方的关系，把握好分寸，才能达到真正的效果。

第五篇

精明强干　让上司为你而骄傲

第9章

上司服你自会扶你上马

每个职场中人最大的梦想无非就是得到上司的赏识，要么升职，要么升值！

但梦想毕竟是梦想，让梦想变成现实最主要的方法还是努力工作，检验工作成果的人便是自己的上司。

所以，自己的命运似乎集中到了上司的手中，但是，任何一个双手插在口袋里的人，都爬不上成功的梯子。要想成为第一个吃螃蟹的人，那自然会遭受螃蟹的夹击。工作也是一样，给多少钱干多少活的人，只能听从安排，顺从命运；干多少活给多少钱的人，一直主导着自己的命运。

如何与上司相处，如何让领导赏识自己？这似乎成了职场中人的大难题，在这里，我们却找到了一个接近满分的回答——让上司服你自然会扶你！

1　把对上司的意见说得富有建设意义

《晏子春秋·内篇杂上》有载：一天早朝非常寒冷，齐景公感到身上凉飕飕的。他当即支使晏子说："给我端点热食来！"可是，晏子婉拒道："我不是给您端茶送饭的人，不敢从命。"齐景公只得又说："给我拿件皮袍来穿上！"然而，晏子再次拒绝说："我不是侍奉您穿衣的人，不敢从命。"齐景公没想到晏子会拒绝自己，尴尬之余禁不住问他："那你是干什么的呢？"晏子说："婴，社稷之臣也。"齐景公又问他："什么是社稷之臣呢？"晏子回答道："就是立于朝堂之上，掌管大政方针，能够安邦治国之臣……"

齐景公大喜，重用了晏子。

很多人都有遇到过别人的不合理要求的经历，特别是面对自己的直属上司的苛刻要求，有的人碍于情面勉强答应，无法开口说"不"，这让他们很是苦恼。这种不情不愿而承担下来的责任，如果事情办砸了，还得自己承担责任。其实，晏子对上不卑躬屈膝，他明白自己的本职工作，自己不是"奉馈（侍奉用膳）之臣""茵席（起居铺席）之臣"，所以两次"恕难从命"，理由很简单也很充足。

但是，作为一个下属，要对上司说"No"是需要勇气的，不过，就算有勇气，没有策略也是不行的，要把对上司的意见说得富有建设性。

当你发现上司不合理的工作安排时，要学会给出自己的看法。作为企业管理者，最主要的工作就是集约化管理自己工作范围内的人、财、物——把正确的人、财、物放在正确的位置上，从而给公司创造效益。如果你的老板把一个并不适合你，或者你暂时无法完成的工作交给你去攻坚，而你没有把握完成任务。这个时候应该怎么做？

王建强是公司的前期策划专员，他的上司迪娜是个很要强的女人，经常给手下人“开小差”。这一天，她的团队上周接的案子在后期出现了一些问题，于是就把大家召集过来，分配工作。迪娜竟然把负责前期策划工作的王建强支配到后期去了。

王建强感觉自己没有把握完成这份工作，考虑再三，找到上司，对她说：“娜姐，我的特长是前期策划，如果您让我做后勤管理和物流控制，我当然十分乐意去学习。只是这样恐怕会占用一定的时间，影响项目的整体运作效率。所以我还是建议您派专业人士去做这个项目，而我继续在自己擅长的领域全力配合。”

冷静后的迪娜仔细一想，王建强说得有一定道理，于是就重新做了人事调整。

天生我材必有用！每个人都有自己的专长和武器，在一个团队中，正是将具备不同专长的人合理聚集，合理分工，才能实现“1+1 > 2”的效果，推动团队的发展，才能尽快地解决问题和完成任务。作为上司，迪娜在团队分工上面没有处理好物尽其用、人尽其责的关系，王建强因此既拒绝了上司的不合理要求，强调了自己的长处和短处，又通过暗示，告诉上司应当根据每位员工的特长选择合适的人选，保证项目的执行效率。

当你不愿意加入自己无法苟同的项目时，要敢于给出自己的意见。如果一项工作，老板或者直属上司认为可行性强，或者很感兴趣，就非常乐意投入人力和物力。如果他要求你加入，而你却发现这个小组对于客户项目的了解并不深入，而且成本核算并没有那么乐观，那么请勇敢地发出自己的声音吧。

郭帅的老板是个创业新手，经验不是很丰富，特别是在人事安排和商业风险判断上。这天，他听说同城的一家公司打算强强联合，在同城征集合作伙伴，共同研发一个项目。老板便让郭帅代表公司组建团队，去与对方进行合作谈判。

郭帅拿到计划书，经过仔细研究之后，他发现并不是自己的技术专长，并且也没有兴趣和把握，更重要的是，他对该项目的前景有一定的担忧。于是，郭帅鼓起勇气，向老板提出建议："老板，很感谢您的信任，让我加入这样一个重要的项目小组。不过根据我从业12年的经验来看，这个项目的成本核算过于乐观。并非我对会计的水平有什么质疑，只是我觉得客户方面可能有所隐瞒。如果能够更加详细地了解对方公司的具体情况，再根据资料重新核算，这个项目做起来就会有更大的把握。"老板很重视郭帅，自然也会慎重考虑郭帅的建议。

尽管老板的行业判断力存在一定的不足，但郭帅怎么敢直白地拒绝自己的老板呢？很显然，郭帅抓住了这个项目不成熟的地方，并且结合自身的经验，晓以利害。商人一般都是趋利避害的，所以，老板自然会参考郭帅提出的意见。由此，郭帅既没有得罪老板，坐上冷板凳，反而让老板高看一眼，摆脱了棘手的工作，轻松做到了金蝉脱壳。

给上司提意见时，应避免以下四条禁忌：

1．当面顶撞。不管是不是直属领导，即便是同事之间，也不该置人于尴尬之地。

2．满不在乎。眼里没领导，饭碗会不保。在上司提出工作要求时，随之而来的就是其权威和尊严的问题，如果下属挑战了上司的权威，很可能就不得不面对上司的怒火，葬送前程。

3．满腹牢骚。受到上司的批评，如果你满腹牢骚，会让上司认为你“批评不得”，产生了一种“用不起”的负面印象。

4．过多解释。上司安排工作时，反复纠缠、争辩是很没有必要的。

2　拍上司马屁不可留下阿谀奉承的嫌疑

“我叫刘维光，本人在校期间，积极参与学校组织的活动，有学生干部的经历，有组织策划活动的能力。贵公司是闻名遐迩的中外合资企业，在国际上有很强的影响力；董事长更是一表人才，知人善用，在业内有良好的口碑，而且做人做事光明磊落。我如被贵公司录用，一定会好好工作，在公司领导的栽培下，我一定不会辜负各位的期待……”

一个招聘人员听到他连番恭维，连忙打断道：“没错，我们虽然是中外合资企业，但我们公司实力还有待加强，‘能在国际上有很强的影响力’是我们追求的目标，我想问一下，您见过我们‘一表人才’的董事长？”刘维光被这么一问，尴尬地红了脸。

求职者为了表达对应聘单位的诚心向往，喜欢对应聘单位做些评价，但是评价一定要实事求是、恰如其分，不能夸大其词，不能滥用奉承语恭维对方。按道理来说，应聘者刘维光在校期间的表现，还算是比较优秀，他对自己专业知识和能力的评价还算客观真实。但可惜的是，他对应聘单位以及公司主要领导过于阿谀奉承，极尽献媚，难免让人生厌。

在职场生活中，当你的领导表现优秀，或说了一番高见，或做了一件值得夸赞的事，你由衷地想要给予赞美。尽管恭维的话人人爱听，但是有时正面、主动去平白无故地赞美他人，会给人留下虚情假意的印象，会使人感到莫名其妙，觉得你是个狡诈虚伪、居心叵测、别有用心的人。那我们应该如何去赞美自己的上司呢？

揣着明白装糊涂，瓢子面前夸葫芦。

一方官员彭玉麟路过一条僻巷，一位女子正在往竹竿上晾衣服，竹竿却突然坠落下来，刚好击中了彭玉麟的头部。那位女子一见来人要发怒，再定睛一看，原来是彭玉麟，于是假装正色说道：“你别无理，彭玉麟彭长官就在这里，他清廉正直，假如我去告诉他老人家，怕要砍了你的脑袋呢！”彭玉麟听了，不禁转怒为喜，喜滋滋地走了。

赞美别人是获得别人好感的有效方法，但掌握不了火候，难免会留下阿谀奉承的骂名。而上例中，好在不经意间冒犯了彭玉麟时，没有正面去夸赞彭玉麟宽宏大量、通情达理，而是巧妙地装糊涂，找了个借口说，“你别无理，清廉正直的彭玉麟就在这里”，如此一番美言赞誉，如果彭玉麟再苛刻追究，那就不通情达理了。此女子赞美的话像一顶高帽，恰如其分地戴在彭玉麟的头上。

赞美的话语，如果蕴含着尊重、宽容，必定会得到对方的理解和支持。这也是一种有效的交往技巧，能有效地缩短人与人之间的心理距离，因为渴望被赏识是人最基本的天性。

一位劳模售票员在谈自己的工作体验时，讲了一个她在工作时的场景：

一次，一位乘客带着一个已经超过1.2米的小孩子上车，我说："您的孩子够高了，该买票了。"那位乘客不解地说："这孩子还没上学呢，就买票呀？"

我当时用幽默的语言对他说："您的孩子还没上学就长这么高，发育这么好，您不高兴吗？"我这么一说，乘客便高兴地又买了一张票。

听话听音，锣鼓听声。上例中，如果售票员对于乘客的逃票现象，采取义正词严的态度，指明乘客的错误做法，也未尝不可。但是那样，不仅会伤害乘客的自尊，即使乘客买了票，也会产生反感。而她采用赞美孩子个头高、发育好的优势，拉近了与乘客之间的距离，此时再要求乘客买票就会轻而易举，顺理成章了。

赞扬一个人，如果能结合其职位和工作等具体事项，会让人觉得并非随口而出，而是夸到实处。

被誉为"近代物理学之父"的爱因斯坦平日酷爱音乐，喜欢弹钢琴，擅长拉小提琴。有一年，他应邀去比利时访问，比利时国王和王后都是他的朋友。王后也是一个音乐迷，会拉小提琴。他和王后在一起合奏弦乐四重奏，合作得非常成功。爱因斯坦对王后说："您演奏得太好了！说真的，您完全可以不要王后这个职业。"听了爱因斯坦的赞美，王后为此兴奋了很长时间。

赞美别人，仿佛用一支火把将别人照亮。同时也能得到别人的好感。但是，赞美别人，不是廉价的吹捧，不是无原则的阿谀奉承，不是投其所好的精神按摩，更不是包藏祸心的精神贿赂。要恰如其分地赞美别人是件很不容易的事。如果称赞得不恰当，反而会遭到排斥。看上例中的爱因斯坦，一席夸奖王后的话，风趣幽默又不肉麻，丝毫不带有奉承的味道。

蔡永康说：“赞美的话语是人世间最美的语言，但赞美也是一项技术活。”的确，恰到好处的赞美，说者愉悦，听者荣光；而不恰当的赞美，或近于阿谀，或滑向讽刺，却走向了赞美的反面。故赞美有风险，出口须谨慎。

1．背后夸人，经过转述和传播，更能显示自己的真诚。

2．转述式赞美，可以有效避开赞美的负效应，比如转述权威人士的话语，这样能让话语更有力，你也更得人心。

3　站在领导的立场上说服想跳槽的员工

俗话说，铁打的营盘流水的兵。作为领导，千金易得，一将难求，最容易遇到的事情就是员工辞职。员工辞职会在一定程度上影响公司的正常运转，给公司带来一定的损失。既然决定辞职，想必这位员工已经做过职业分析，有了一定的思想准备。但是，如果领导者及时与准备跳槽的员工沟通，也会有让该员工回心转意的可能。

立场是说话的前提，领导安抚跳槽者，要善于站在权威的立场，即站在领导的立场上说服想跳槽的员工。站在上司的立场上去进行安慰和说服，会让员工更加感觉到公司的诚意和尊重，使其动情进而回心转意。

首先，在员工提出辞职后，领导要第一时间做出反应。我们都会有这种感觉，“马上就办”会显得更加真诚，员工在递交辞呈后，领导应该迅速做出反应，尽快与其进行沟通。

红顶商人胡雪岩有一位长工因为与搭档不合，向胡雪岩递交了辞职书。当时，胡雪岩正在整理货单，他立马放下手中的工作，将这位助手请到客厅，胡雪岩坦诚地对他说：“按说，你是老员工，为公司做了太多的贡献，你提出任何要求都应该尽量满足。你之所以辞职，最大的原因不在于你和你的搭档，而在于我的失职。是我安排工作不周到，导致你受了委屈，我应该向你道歉。但是，你今天出的题真的把我难倒了，但又给我一次与员工深度沟通的机会，所以，我要感谢你。既然你给我提出了一个请求，看在这么多年交情的分上，我也提一个请求吧，请求你给我一次机会，我重新给你安排工作。如果你工作一段时间之后，感觉还是不妥，那时你再走也不迟。”

这位准备辞职的员工经过胡雪岩一番说服，竟然接受了调岗，而且在岗位上创造了更多的价值。

胡雪岩在跟自己的主管们开会时说：“员工的流失就是领导的失职，不管是谁手下的员工辞职，都要尽快地与之沟通，不要让其带着抱怨离开。”

胡雪岩可以说是商人中的佼佼者，身边肯定有不少跟随他的“智囊”，我们也相信，他身边的任何一位主管离开，都不会对他的生意造成太大影响，更何况是一个长工。胡雪岩极力挽留，说明他注重情分，自责的话语中透露着真诚，容易让人入心入耳。

胡雪岩得知员工辞职后，第一时间跟其促膝交谈，抓住了挽回人才损失的黄金时间，并且他以退为进，用调换岗位的方法来缓冲员工的抵触情绪，从而留住了真正的人才。

其次，得知员工辞职后，领导要善于封锁消息。员工辞职，特别是老员工或者管理岗位的人辞职，会给其他员工造成一定的心理影响，造成员工工作士气不稳定，严重时会造成工作机制的瘫痪。作为领导应该尽力封锁消息。

马力是金马商行的老员工，而且负责导购员的培训工作。近日，商行遭遇经济危机，员工工作热情下降。此时，马力向总经理提出了辞职。

总经理面露难色，但他还是恳切地对马力说："你辞职一定是有心理准备的，但你也知道商行现在的情况，我希望你能再帮公司最后一个忙，就是不要扩散你辞职的消息。因为像你这样的老员工，工作能力强，人缘也好，我担心你的辞职会引起不安。请你再给我一段时间，我一定会给你一个满意的答复。"

总经理都这么说了，马力自然也不好为难。他在做交接工作的这段时间，觉得这份工作还是很有潜力，最终打消了辞职的念头。

马云说，员工的离职原因林林总总，只有两点最真实：第一，钱，没给到位；第二，心，受委屈了。这些归根到底就一条：干得不爽。有时候，导致员工辞职的原因，并不是因为工作陷入了瓶颈，而是公司给出的环境已经饱和，让员工觉得前程无望。

在金马商行遭遇金融危机之后，必然会让员工的工作心态发生转变。马力的辞职或许会引起其他员工辞职的欲念。总经理在关键时期，主动封锁消息，让负面影响降到最低，也给马力一个再次思考的缓冲时间，有了一个回旋的余地，最终让马力打消了辞职的念头。

员工辞职并非最烫手的山芋，聪明的领导会因祸得福，改变一个员工。在员工提出辞职之后，我们除了做出反应和封锁消息之外，应该主要从以下几个方面努力：

1．倾听。倾听员工的心声，找出促使其辞职的原因。

2．分析。分析员工下一步的打算，找出员工心理落差点，也找出自己的不足。

3．跟进。说服工作不顺利也不要立马放弃，让员工觉得你的说服是虚情假意的，可以采取多种方式沟通，全力求胜。

4　巧妙圆场，在领导黑脸前把问题解决

现代的职场有这么一句话，领导就是坐享其成的收租者。这句话虽然有些主观和片面，但也确实道出了领导的一种工作状态，就是安排任务和检查工作。就像渔翁，晚上下了网，早上来收鱼。正是因为这样的角色，便有了阶层。也就有了各种各样让领导不开心的原因。

作为领导，除了安抚手下的员工按部就班地工作，还要配合上司的动向，解决掉一切令上司不开心的琐事。

稳定领导情绪，让急火在慢工中熄灭。在电影《天下无贼》中，有一句

经典台词："黎叔很生气，后果很严重。"领导就像黎叔，看似很好说话，其实脾气很大。在领导即将急赤白脸的时候出来圆场，最主要的是稳定情绪，不要让领导的火气越来越大。

有一次，某公司召集各部门的负责人开会，准备安排下一阶段的工作任务。在会议开始的汇报工作阶段，有一位经理因责任心不强，几项领导交待的工作都没有做好，还捅了大娄子，结果引得董事长很恼火，发了不小的脾气，会议气氛十分紧张。

此时，副总经理目睹此景，就在领导大为光火时，副总经理建议休会，先休息十分钟。在休息的间歇，他递了一个纸条给董事长，上面写道："董事长，开会前你曾说过，这个会议的主要议题是布置工作，这是十分重要的工作部署会议。但看刚才的情况，会议气氛有点儿紧张，这样不利于这次会议的顺利进行。我觉得有些问题应专门开会或会后再解决，以免影响其他部门负责人的心情。"

复会后，董事长已恢复了正常，并把会议引导到了正常的议程上。会议比较圆满地结束了。

会后，董事长笑着拍了拍副总经理的肩膀说："小李啊，多谢你的'清凉剂'呀！"

此后，副总经理与董事长结下了非常深厚的友谊，也越来越受董事长的赏识了。

脾气是最没用的武器。在会议上，领导光顾发脾气是不利于工作进展的。然而有很多领导，为了维护自己的权威，往往不顾会议和工作安排，大使性子，把气氛搞得紧张。作为副手或者下属，应该及时"灭火"，想方设法缓和领导的暴躁情绪，并跟领导分析当务之急之事。

部门经理工作不力，董事长大发雷霆是情有可原的。但董事长的火爆脾气严重影响了会议的进展和工作的部署，就糟糕了。作为副手，副总经理适时地采取措施暂停会议，让董事长慢慢冷静下来，然后他用递纸条的方式，委婉地提示领导应该恢复理性，把会议的主旨和工作重点放在心上，让领导及时调整了心态，使会议顺利地进行下去，所以受到重用也是理所当然的。

找准话语的落脚点，立场应该是公平公正至上。这里讲的圆场，不是一味地迎合领导，把自己的下属一棒子打死，也不是袒护下属，而应该保证话语是浅显易懂的道理，是不偏不倚的公正话。

司俊明和姐夫刘金贤同在一家公司工作。司俊明是单位的司机，刘金贤是办公室主任。近期，单位业务少，司俊明工作很轻松。在朋友的鼓动下，司俊明竟用单位的车接私活，先是说帮朋友搬家，后来又说出席朋友的婚礼。刘金贤见司俊明越来越明目张胆，就去做他的工作。结果司俊明不仅不买账，还说："姐夫，你是不是看我赚俩外快儿眼红？你是好人，你大公无私，你把我游街批斗吧！"

刘金贤碰了一鼻子灰，正生着闷气。妻子见他气哼哼的，便问了缘由。妻子听罢，找到司俊明说道："俊明，我来的时候，本来你姐夫是不让我说这件事的，他觉得你成年了，再怎么数落你没这个必要。可我想，他怎能看着你犯错误视而不见？要是我在场，我也不会袒护你，正是这份亲情，所以才不会去纵容。按说他是你姐夫，睁一只眼闭一只眼这事就过去了，毕竟钱也落进了咱自家的口袋里。可他是办公室主任，这事要是让其他同事看到了会怎么说闲话？传到领导耳朵里把你开除了，怎么办？你姐夫这是为你好啊！"

"姐，我……"司俊明低下头。

接着，司俊明找到姐夫刘金贤道歉，一家人又恢复了和和气气的关系。

我们经常会被这样的难题难住——妻子和母亲同时掉进水里，你先去救谁？上例中，一边是受了误解的丈夫，一边是不明事理的弟弟，刘金贤的妻子也算是两头为难。聪明的她抓住了话语的“落脚点”——彼此间的亲情。她先用“刘金贤觉得没必要数落他”的话来缓和司俊明的抵触情绪，接着，她坦言正是亲情的原因，所以刘金贤才会出面阻止；正是因为亲情，才不会纵容袒护，对你的错误视而不见。可见，站在“亲情”的立场上说话，有理有情，说服他人也是情理之中。

这说明，我们在安抚领导情绪时，应该找到支撑自己观点成立的“落脚点”，比如“我这样做是我职责所在”“这是我的底线”等，当我们“路见不平一声吼”的时候，在为“谁”而吼那一嗓子呢？这说明，找好说话的“落脚点”，话语才会更有说服力。

领导搭班子大多喜欢一个唱黑脸一个唱白脸。一黑一白，一刚一柔，这样才能让团队在刚柔并济的激励中不断前进。

电视剧《亮剑》中的李云龙是个“张嘴就骂”的领导。照他自己的说法，“天生就这臭脾气，不好改”。

一次，遇到炮兵失了手，李云龙爆了粗：“你个败家子，咋不省着点用？你小子还敢发牢骚，小心老子揍你！”

而与李云龙“搭班子”的政委赵刚则是典型的“以理服人”。对此，李云龙不止一次地表示“看不惯”。他曾“挖苦”赵刚：“对对对，要做思想工作，对那些笨的、不听话的战士就说：‘老哥我求你啦，我给你跪下。’行不行？”

事实证明，李云龙和赵刚的班组搭配得天衣无缝。李云龙的暴躁脾气，时常给战士们一种紧迫感，让“工作效率”有了基本保证。而赵刚能在李云龙大发雷霆之后，对战士悉心安抚，这就避免了战士产生逆反的情绪，让李云龙的“威”和赵刚的“望”都发挥得淋漓尽致。

汉堡的夹层最好吃，但是夹层却经过了更多的煎熬。作为领导，既要顾及上司的颜面和威信，也要考虑员工的情绪和尊严。下属出现失误惹领导生气时，应从以下几个方面努力：

1．实事求是地分析事态。作为中间调停人，诠释领导的任务和争取员工的利益同样重要。要把让领导想不通而生气的环节打通。

2．提高领导形象，让领导在推崇中提升度量，自动放弃争吵。

3．主动担责。自己属下的失误，便是自己的失误，让领导转移攻击点。

第10章
做将军身边最值得信赖的带兵人

人往高处走，你也不想一直挂个副职，慢慢坐等退休吧?

强将身边无弱兵，被将军挑走的都是那些让将军放心，能为将军解决实际问题的优秀的兵。

如果，你还在抱怨领导不给你机会，那么你将会错失更多的机会！当你无法改变领导的时候，学着改变自己，让自己“被需要”，才能有出头之日。

1 巧妙激将，激发下属超额完成任务

一位杂志社的编辑，口才并非一流，但不论作家如何繁忙，他都有办法让他们答应为自己撰稿。究其原因，就在于他善于适度地激励对方："当然，我知道您很忙，就是因为您很忙，我才无论如何得请您帮忙，那些空闲太多的作家写的作品，怎么也比不上您写得好。"

一般听到这样话语的作家都不会拒绝他。

该编辑的成功之处在于，以"正是因为其忙，才说明其作品好"的理由，对拒绝为自己写稿的作者进行一番赞美。激励之语，并不空泛、虚幻和生硬，反而让人觉得言之有理。如此一来，约到好的稿件也是预料之中的事了。请人帮忙，少不了要对人说些好话。遭到拒绝也不要灰心，只要你抓住了对方拒绝的理由，巧妙地褒奖对方的优点，对方就容易接纳。

在市场经济转型的今天，企业随时可能会面临市场考验，出现不景气、裁员、减薪、改革等一系列现实问题，而现在社会发展快、压力大，有时员工消极情绪一触即发。此时，作为企业领导该如何巧妙运用激将法，激发下属的斗志呢?

提出愿景，让员工看到未来。对员工来说，企业不仅是赚钱的地方，也是实现人生价值的平台。当员工发现现实与理想有了一定的差距并且没有向

前的动力时，就很容易失去信心，心生去意。作为领导就要善于引导他们，帮助员工消除心中的顾虑，让他们看到希望，从而才有积极工作的动力。

刘彬所在的公司日益萧条，人员流动大，直接影响了员工的工作激情。有一次，总经理从办公室经过，发现他正在玩游戏。刘彬惊慌地等着上司的训斥。总经理却微笑着问他："看到公司的现况，你如何打算的呢？"

"公司每况愈下，长此以往，每个人都会有自己的打算。但我对公司还有感情，我不甘心就这样走掉……"

"小刘，有打算的人都是有目标的人。你现在要做的，是要做最好的打算，最坏的打算不需要做了，最坏不就是离职吗？最好的打算就是调整好心态，积极地准备迎接新任务。乱世造英雄，我或许会给你安排新职务呢！公司会记住那些与公司荣辱与共的人。咱们企业现在是寒冬季节，但你要记住，冬天照样有阳光！"

刘彬听后，激动万分，心结也解开了，并主动带头工作。

刘彬看到公司的业绩每况愈下，混起日子来，总经理并没有劈头盖脸的对其斥责，而是对他提出新的期望和愿景，让刘彬顿感前途光明，有了激情。

让员工感觉有奔头，员工才会拼命向前奔。这一表达技巧是和"晓以利害"区别开来的。有些员工已经感觉前途渺茫，甚至有些失望的时候，你若再晓以利害，或许会让他们破罐子破摔，反倒是提出愿景让他们看到未来，这样更容易让他们树立起信心。

诱之以利，引入竞争机制。利益的诱惑是无穷的，向员工灌输能者多劳的竞争体制，让他们自我激发。

冯少之自入职某购物广场以后，一直跟同事们之间关系融洽，一年后，自从冯少之被提升为经理助理，整个部门的氛围就变得古怪起来，原本关系很好、平时配合默契的几个同事也开始消极怠工，做事懒散，甚至把很多事情都推给冯少之处理。就这样，冯少之手头的事情越积越多，这让他变得忙碌不堪。更让人恼火的是，还有几个下属竟然私下示威："他不是厉害吗？有本事就让他自己把事情全部做完！"

看着有些下属摆出事不关己的姿态，冯少之翻了翻文件，笑着对大家说："今年的年终奖可是按绩效发放，我一个人处理完这些文件，是不是就意味着我可以一个人拿走整个部门的年终奖呢？那你们怎么办？"听了冯少之的话，下属们面面相觑，很快就返回自己的座位上工作了。

此后，冯少之总会有意无意地提及绩效工资的浮动标准和年终奖的考评制度，给下属们灌输"能者多劳，多劳多得"的工作理念。此外，他还在季度考核时首次引入了竞争机制，奖励了做出成绩的员工。很快，下属们的工作状态就得到了极大的改善。

同在一个部门平起平坐的同事，突然有一天其中一个人升职成了你的领导，即便是铁定的事实，也多少会有些不太适应，还有的人会心有不服甚至不悦。这些问题若不及时处理，会影响工作的正常开展。冯少之则掌握了下属们的弱点，不断强调收入与工作成绩挂钩的事实，巧妙提升了大家的积极性，使得部门风气焕然一新。面对消极的员工，这样的"诱惑"既是一种激励，亦是一种抗议，让他们从你的言辞中能体会到你的权力和权威，并明白自己的位置，必然会认真工作。

这种方法一般不宜强力推动，否则会引起逆反效应。应该慢慢推进，从改变员工思维方式开始，进而改变竞争体制。

领导要善于扬人责己，以功归人。这样做才能众望所归，聚集英才，营造一个和谐的工作环境，增强战斗力和凝聚力。

三国时期，曹操决定北上征服塞外的乌桓。这一举动十分危险，许多将领纷纷劝阻，但曹操还是率军出击，将乌桓打败。班师归来，曹操调查当时不同意北伐计划的那些人。这些人认为要遭到曹操的严惩了，一个个都十分害怕，不敢朝见。不料，曹操却给他们丰厚的赏赐。见大家很奇怪，曹操说："因为我生性多疑，主观臆断，北伐之事，当时确实十分冒险。虽然侥幸打胜了，乃是上天帮忙，各位的劝阻，是出于万全的考虑，所以要奖赏，我希望大家以后更加勇于发表不同意见。"之后，大家都更加尽心尽力地为曹操效劳。

上司谦恭下士，会让下属心存感激，而自己也得到下属的拥护和信赖。很显然，曹操深谙此道。北伐之事虽然遭到众将反对，但他却在北伐大捷之后对那些反对他的人予以重奖。话语谦恭，让人欣慰。众将大受鼓舞，效忠于他便是自然而然的事。

相较于传统型的权力领导，人格魅力型的领导对下属具有独特而深远的感召力。靠人格魅力来吸引、感召员工的领导都特别注重自我的提升，他们喜欢从以下几个方面提升员工的积极性：

1．充分信任下属，大胆授权。比如，万科的董事长王石、阿里巴巴的董事长马云，他们就很信任自己的下属，他们甚至几个月都不在单位，公司也会正常运行。

2．激励的最直接的方式便是甘当表率。领导身先士卒，员工唯领导马首是瞻。

3．激励下属的前提是尊重下属，IBM拥有的三条准则之一就是"尊重个人"。领导者尊重每一位下属的行为，能让员工充分感受到公司对他们的重视。

2 不给上司交半成品作业

评剧演员新凤霞在中国评剧团工作时，有一次，领导让她为几日后到广西的演出设计一份演出策划案。新凤霞全面研究广西当地的民族习俗，并且结合广西的特色民俗，创作了新曲目。一个同事说："我们大家把自己的拿手戏演给广西的观众看，就可以了。你为何还要这么劳神费时地去策划新曲目呢？"新凤霞说："虽然说表演的主动权在我们手里，但如果演出的内容与当地的风俗有冲突，或者他们对节目不感兴趣，群众反响不好，便有损剧团的名声。"领导看了她的策划案，竖起了大拇指。

《后汉书》里说："良工不示人以朴。"其意思是，高明的木匠不把非成品拿给别人看。领导要求新凤霞为广西演出设计演出策划表，她没有简单地把剧团里现成的节目编排一下了事，而是在研究广西民俗风情的基础上，不但对既有节目进行甄选，而且还创作了新的曲目。此举不但会让广西观众对演出的满意，更为剧团博得了好名声，从而圆满完成这次演出计划。

职场上，我们都是在完成单位或上司交给自己的任务。有的人会得到上司的重用，有的人却"出力不讨好"，原因在于，这些人给上司交了半成品作业，给单位或上司带来麻烦，让他们处于被动的立场。所以，良工不示人以朴，工作应严于律己，精益求精，杜绝半成品作业。

突厥入侵，武则天任命狄仁杰为河北道行军元帅，与突厥作战。赶走突厥后，朝廷下旨让他还朝。可狄仁杰并没有立即还朝，而是连夜上书朝廷，希望能留下来做好当地百姓的安抚工作。部下对他说："大人，这些事您完全可以请求皇帝再派专人负责处理，何必亲力亲为？"

狄仁杰说："虽然打了胜仗，但是百姓因为战争流离失所，社会动荡不安，我的工作还不算圆满完成。身为人臣，应时刻为皇帝分忧，不能处处给皇帝添麻烦。"接到武则天的诏书后，狄仁杰赦免了黄河以北各州被突厥裹胁的官员与百姓，把那些被突厥驱赶掠夺的人送回原籍，散发粮食赈济穷人，于是整个黄河以北才安定了下来。得知这一切，武则天对狄仁杰更加器重。

解决遗留问题后再交作业。工作中，只是完成了手头的工作而没有把遗留问题解决好，不过是半成品作业而已；勇于揽下烂摊子，做好后续的整理工作，才是圆满的完成任务。

身为一军之帅的狄仁杰打了胜仗后，他还考虑到，无辜的百姓因为战争失去家园，生活苦难不堪。如果自己不积极做好战后百姓的安抚工作，皇帝一定会为此劳神，选派其他官员来做。因此，他不肯得胜还朝，非要上赶着请旨做战后百姓的安抚工作，从而博得武则天的信赖和器重。

老板把一份关于网络营销的会议通知递给秘书邵伟，让他安排营销部主管王炳钧做好相关入会准备。邵伟把通知仔细看了一遍，并在重点内容部分做了标记，然后请来王炳钧，让他务必根据通知要求，及时填写好回执，并发到指定邮箱。当得知王炳钧完成这一切后，邵伟立即向主办方打电话过去进行核实。无误后，又告诉王炳钧："回执对方已经收到了，你可以放心地做好会议前的其他准备工作了。"

王炳钧感激地说："你做得太周到了。"邵伟笑着说："领导把这个任务布置给我，我就得把事情做得圆满。传达给你后就不闻不问，万一哪个环节出点纰漏，公司的形象和名声都会受到影响。"老板知道这些情况后，很满意。

获取反馈信息后再交作业。工作中，完成上传下达的任务时，把上司交给的东西传达下去后就不闻不问，不过是半成品作业；积极参与、并最终得到有效的反馈信息，才是完整的完成工作任务。

老板吩咐秘书邵伟把会议通知转给王炳钧，邵伟没有把自己只当作二传手，而是想如何把事情做得滴水不漏。他不但自己先认真阅读了文件，并做了重点标注，而且当王炳钧发送回执后，自己还主动和主办方取得联系，得到良好的反馈信息后才放下心来，老板也为邵伟缜密的工作方式感到欣慰。

邓老师在学校电教系统工作，负责用读卡器批阅每次考试卷中客观题的答题卡。高三的适应性测试刚结束，级部领导杜主任告诉他，已经把这次考试的学生名单等相关信息发送到他的邮箱，让他批阅。邓老师把答题卡阅读完，又根据杜主任发来的学生基本信息，一一进行对应，整理出头绪，然后制作成一个完整的Excel文本。

同事苗老师看到他批完后还在埋头整理，就说："你把分数和考号直接发出去就挺好的啊，何必整理得这么细呢？"邓老师摇摇头说："我把所有学生的姓名、考号和成绩等这些信息都放在里面，分别按班级和考号排序，这样，领导和班主任看一眼就知道哪些学生是哪个班级的，考了多少分，一目了然；要是我不做这个整理工作，势必每个班主任都得对自己班级学生的信息进行处理，与其大家做重复的工作，不如我在这里一次性做好了，大家拿回去直接用。"事后，领导和班主任对邓老师的工作都很满意。

优化工作内容后再交作业。工作中，只是把原始的工作成果交给上司，不过是半成品作业；想让工作成果更清晰化、条理化、更上档次，才是完备的。

杜主任安排邓老师批阅答题卡，邓老师批完后，想到为了方便级部领导和班主任查询、了解学生的成绩，就没有直接把考号和成绩发送过去以了事，而是把Excel文本进行了优化处理。他细心地把学生的基本信息都插入到文件中，并进行排序和分类整理工作，节省了领导和班主任很多的时间，从而获得了大家的好评。

黄金有成色，工作同样也有。职场中，上司布置的任务就是对我们的工作能力、态度和水平的最佳检验。任务完成得好坏，直接关系到上司对你的评价。要想得到上司的认可，就要杜绝上交半成品作业，而是把工作做得更完备、完整、完全、完美。

3　把团队中的每一个成员都凝聚在自己身边

所谓领导，是一个动态的行为过程，是一种影响一个群体实现目标的能力；是一种对团队持续发挥牵引、凝聚和激励的影响力。下属的工作态度和工作的执行情况，往往反映出一个领导的指挥和管理水平。那么，作为领导者，如何把团队中的每一个成员都凝聚在自己身边？

唐朝时，狄仁杰被唐高宗任命为侍御史，负责审讯案子。上任后，他判决了许多积压案件，深得手下人的崇拜。一日，狄仁杰得知一个在逃犯人的下落，就对部下乔太和马荣说："现在有个事情很紧急，需要你俩马上去办。"乔太说："狄大人信得过小人，是小人的荣幸。大人神机妙算，我们唯大人马首是瞻。"

狄仁杰笑着说："我浑身是铁，能打几根钉？我虽然有断案和审查的理论和经验，如果没有你们的协助，案子肯定破不了啊。你们好比是我的左膀右臂，缺了你们，我什么事也做不成，我们需要密切的合作啊。好了，前几日缉拿的要犯，眼下已有了下落，你们二人速速将其拿来！”

俩人痛痛快快地领命而去，不久就把那个犯人抓了回来。

凭合作的“心”，去宣布新任务。自己浑身是铁，又能打几根钉？在向下属传达工作任务时，高明的领导往往会把自己和下属都变成完成任务的主人，使下属体验到自己不是单纯在执行领导的任务，而应该以一个合作者的角色，在执行任务时动心、动脑。

狄仁杰向乔、马二人布置工作，他们完全把自己当成执行任务的下级；当经过狄仁杰一番高屋建瓴的解释后，他们才懂得这个任务需要领导与自己合作完成，在执行任务时，自己还要根据情况的变化，灵活机动地把工作做到尽善尽美。

1944年，美国的斯帕茨将军到前线去视察自己的部队，却禁止部队举行任何欢迎仪式，因为他不想影响部队正常的训练。在部队参谋长的引导下，斯帕茨将军悄悄地观摩了大家的训练。

训练结束后，参谋长请斯帕茨将军给大家训话。斯帕茨将军说：“大家都知道在战场上，自己应该做什么，应该怎么做，所以，我来这里，完全没必要和大家讨论这方面的问题，也就是说，我来这里并不是命令大家、要求大家，而是想知道，在这次作战计划中，大家缺什么，我能帮大家什么忙。大家在生活方面有什么需要，尽管跟我讲，我一定会尽量满足大家的。”

听了斯帕茨将军的话，士兵们掌声雷动。

持服务的“心”，去视察工作。在视察下属工作执行和完成的情况时，聪明的领导善于把自己的身份放低，扮演一个服务者的角色，拉近彼此的距离，从而感动大家，调动了所有人的工作热情和干劲。

斯帕茨将军在视察部队备战情况时，不干扰军队正常的训练，不以一个长官的姿态进行命令和训教，而是主动提出自己是为满足大家的生活需要而来的，从而赢得战士们的支持和信任，使战士们的战斗热情空前高涨。

王永华大学毕业后，应聘到某私立学校任教语文。为了准备新学期的汇报课，她精心设计了一堂课，并认真吸取了教务主任郝春华老师的意见。可是到正式汇报课时，王永华由于紧张，以致事先所做的准备大打折扣，很多本来可以出彩的地方都没发挥出来。一连好几天，王永华工作都打不起精神来。

了解了情况后，郝主任对她说："根据这么长时间工作上的接触，我认为作为一名教师，你的综合素质很不错，而且在工作时你能沉得下来、钻得进去。作为新教师，你能发挥出这样的水平，我是认可的。你呀，就是对自己的期望值太高了。这次的失误，你完全可以当作教师生涯中的一笔宝贵财富去珍惜；我相信，在不久的将来，你必定可以成为业务上的行家里手。"听了郝主任的一番话，王永华感觉很受鼓舞。

拿赏识的"心"，去鼓舞士气。卡耐基曾说：要改变别人而不触犯或引起反感，那么，请称赞他们最微小的进步，并称赞他们的每个进步。下属由于工作偏差而情绪低下，用心的领导懂得欣赏对方的每个优点，鼓励其再接再厉，发展自己，成就自己。

王永华因心里紧张而没有把自己的实有水平发挥出来，为了提高其工作的热情和积极性，郝主任先肯定了其个人的工作能力及工作态度，并接受了她在这堂课上的表现，鼓励其以此为契机，扬长避短，更对其今后的发展寄予高度的评价和期望，从而帮助王永华走出了情绪低落的沼泽。

神舟七号研制过程中，以唐景庭为组长的传感器研制领导小组不畏困难，刻苦攻关，为神舟七号的成功上天立下了汗马功劳。唐景庭也因此受到了政府的嘉奖。

在表彰大会上，唐景庭说："整个飞船是由诸多的重要零部件组成，而每一个零部件的研发成功，又凝结着团队当中每个人的心血。我们传感器研制小组的成绩，不是哪个人领导得好，不是谁比谁更重要，而是如果没有团队中每个人对自己位置的认同，把自己扮演的角色和分担的工作做到极致，就不会有最终的成功，更不会有我今天在这里受到表扬。今后还会有更重要、更光荣的任务等着大家，我们一起加油！"大家为他热烈鼓掌致谢。

用分享的"心"，去看待成果。有句话说得好：分享是一座天平，你给予他人多少，他人便回报你多少。自己荣获了奖励和荣誉，智慧的领导总会把自己所得理解为大家共同的功劳，让下属一起分享快乐和激情，感受骄傲和自豪。

在表彰大会上，身为领导的唐景庭把自己完全融入工作团队之中，让自己团队中的每个人领会到自己在团队胜利中所起到的不可或缺的作用，和自己一起分享了成功的喜悦，同时也让大家对今后的工作更充满了期待和斗志。

领导的重要任务就是把团队中的每一个成员都凝聚在自己身边，赢得大家的拥护和响应。真正高明的领导应讲究合作之心、树立服务之心、怀揣赏识之心、常备分享之心，若真如此，那振臂一呼，应者自然云集。

4　处理好夹缝难题，让上面人无话可说

在职场，要想得到上司的认可和扶持，首先要学会处理夹缝难题，让上司服你，而后才会扶你！

夹在正反之间，实操时要拨乱反正。工作能得到领导、同事上下一致的认可，是大家的共同期待。然而，事非所愿的情形经常出现。常常会涉及雇用之间的利益博弈，如果出现此间夹缝难题，应该以站在大局的角度出发。

某大型企业医院因业务走势较好，欲招聘一批药品采购员，经过层层考核，赵军民成功进入面试。面试官在了解到赵军民以前有过带团队工作的经验时，问道："科长交代你和几个同事去开展某项工作，同事们都认为此任务无法完成，纷纷发牢骚，你怎么办？"

赵军民略加思考，回答道："对于您所述情况，我会从以下几个方面着手来处理。首先，我要保持沉着冷静，不和同事一起背后议论发牢骚，应注意维护科长的权威，维护本科室成员间的关系；其次，我会试着与同事交流，征求不能完成任务的看法、意见，并向同事说明任务的重要性，力劝他们服从大局，克服困难，把任务完成；然后，我要反复思考、分析任务不能够完成，是人为的原因还是科长交代的任务不符合原则和规定，作为下级不能轻易地否定领导的决定；实在不行，也不能欺上瞒下，不能隐瞒同事的看法和意见，对领导汇报，说出根据、理由，争取让领导采纳我们所提出的意见并改变原工作决策；若科长不改变任务计划，作为下级只能保留意见，下级服从上级。"

“你的回答令我非常满意，祝贺你，小伙子！”很显然，赵军民被这家医院录取了。

不可否认，每个人的工作能力和抗压能力不同，领导安排一件事情，有的人觉得得心应手，有的人则感觉颇为吃力。这是一例在领导与同事之间评价相反的“夹缝难题”，在一个团队里，上级领导觉得工作任务正常，而在队友中却出现满腹牢骚的现象，在有抵触情绪的情况下，我们应该怎么办呢?

赵军民的回答很饱满。他分清主次，条清缕析：对于同事，不盲从，不制造紧张气氛；对于上级，要维护上级尊严。从大局出发，反复研究方案，做两手准备，考虑到方方面面，从而显现赵军民思维缜密，临危不乱，成熟稳重等优点，招聘单位自然求之不得。

夹在内外之间，处理时要兼顾多方。这种情况特别容易出现在业务员中，业务员身处企业和顾客之间，既要照顾公司的利益，也要考虑顾客的情绪。出现此类问题时，要坚持双向负责。

田妮从师范大学毕业后，来到当地一家有名的培训学校做代课教师。有一次，她的一位学生家长给她出了一个比较棘手的问题：这位学生刚刚缴费一周，家长就要求孩子转学到其他学校。

这时候，田妮这样说：“我们学校给您和孩子提供了半个月的试听时间，您经过十五天的考察才做出缴费的决定，一定是考虑成熟之后的决定，那您在一天就做出退学的申请，肯定有一定的冲动因素。您看这样好不好，首先，我可以推荐我们学校的另外一位老师的课程给您和孩子试听，因为不同的教学方法或许就有不同的效果；您也可以去其他学校先考察考察，这是我们学校的培训课程的价目表，如果您觉得是价格的问题，我会向学校申请，给您调整。”

听到田妮如此真诚的话语，这位家长的语气明显温和了许多。最终，田妮不仅留住了这位顾客，还经过这位顾客推荐，又重新获得了新顾客资源。该校区的校领导知道后，对田妮做出了嘉奖。

善于为他人考虑的人，在日常交际中会左右逢源。同理，服务类行业（如教育、销售等）能兼顾顾客和雇主双方的感受，自然会让夹缝难题变得简单。

田妮就做得很好。她首先坚守“双向负责”的工作理念，给顾客一个“二择一”的选择题，让顾客有了选择的空间，表现出以顾客为上帝，尊重客户的选择；又给客户限定了选择的空间，不论顾客做什么选择，对于学校，都是有利的。如此合人心意的决策自然会赢得该学校领导的青睐。

处在混乱之中，不能浑水摸鱼。职场中时常会出现某些员工与上司闹翻，作为旁观者，不可以趁机巴结上司，浑水摸鱼，捞些好处。如果让人识破，即便你借此一跃，也会缺少群众基础，摔个半死不活。

三国时期，大将军张辽任命武周做自己的护军。一次，张辽和武周在任命一个武将的问题上意见不一致，导致二人争吵起来。一气之下，张辽决定革除武周的官职，打算用胡质取而代之。当张辽把自己的想法跟胡质透露之后，没想到在场的胡质竟以身体有病为由，拒绝接受。从帐中出来后，张辽生气地对胡质说：“我诚心待你，是我看重于你，你为什么这样辜负我的心意呢？”

胡质说：“据我所知，以前的人们是这样交往的：两人合伙做生意赚了钱，对方虽然拿得比自己多，但自己却不认为对方是个贪婪的人；一起打仗时，打败后对方就赶紧往回败逃，自己却不认为对方是个怯懦的人；听到他人的流言蜚语却不去相信，因为他更相信事实。两人之间，只有这样相处才会善始善终啊。武周才高德尚，先前大将军对他赞不绝口，可现在却为了一点点小误会，结怨成仇。武周尚且这样，如果换了我这个才识浅陋的胡质，就更不可能和您长久友好相处了。所以，我不愿答应您的请求。”

张辽被胡质的一番话打动，于是主动与武周和好了。

张辽和武周因意见不一，发生矛盾，一气之下要用胡质取而代之。淡定、有远见的胡质并没有因为天上掉馅饼而赶紧接在怀里。在拒绝的同时，诚恳地指出了张辽所犯的错误，冷静之后的张辽认识到自己的错误，并知错改错，也更佩服胡质的为人。

当领导做了糊涂事，我们不可因为有利于自己而顺杆爬；否则，自己的利益不会长久，也会让对方发现你的自私，鄙视你的为人。真心为他人着想，就把自己的小算盘收一收吧。

夹缝问题不止以上几种，还有如领导与领导之争。谁都苦恼于自己在两个领导之间无所适从，甚至受“夹板气”。

另外，还有夹在公私之间的难题。要注意的是，领导最看重的是“公私分明”，而最容易出问题的也往往是“公私不分”。

第六篇

随机应变　机智应对各种刁难

第11章

如何闪避棘手话题

在职场中，领导考验自己助手的方式不是给他布置多么难以攻坚的工作，而是躲在一边，偷偷看他处理棘手问题的能力。越是着急上火、急于解决的问题，越能测试一个人有无成大器的城府。

在工作中，我们时常会遇到一些不愿意回答甚至不能直接回答的刁难问题，我们应该如何绕开实质性问题，转移提问重心呢？又该如何将话题扯远，使问题难以深究？

1 反唇相讥，让滋事者“偷鸡不成蚀把米”

一个女孩和一个富商的儿子结婚了，可是富商夫妇并不喜欢这个儿媳妇，他们认为这个女孩是贪图他们家的万贯家财。

新婚第二天，婆婆对新媳妇说：“如果你不介意，我就叫你阿莲，这是我儿子以前的女朋友的名字，她很贤惠，但是我儿子不要她，我不喜欢改变我的习惯。”

儿媳妇微笑着答道：“我很喜欢这个名字。这么说来，如果您不介意，我就叫您马夫人吧，因为这是我对我以前的男朋友妈妈的称呼。我也不喜欢改变我的习惯。”富商婆婆听后面红耳赤、哑口无言，只好向儿媳妇道歉。

富商夫妇认为自己的儿媳妇嫁过来是因贪图钱财，婆婆以一种轻视的态度和语气对儿媳妇讲话，儿媳妇没有选择与之激烈地争辩，而是轻轻一句仿拟婆婆的幽默话语，化解了婆婆的无理要求的同时，也展示了自己的机智与幽默。

有句俗语叫“偷鸡不成蚀把米”。鸡没有偷到，反而损失了一把米。比喻本想占便宜反而吃了亏。在日常工作、生活中，总有那么一些人爱故意找碴、寻衅滋事，想让别人下不来台。这时如果退避三舍，必会遭人嘲笑；如果视而不见，也难免有软弱之嫌。若想化被动为主动，应恰如其分地反唇相讥。

某厂生产的电器产品在使用的过程中被发现产品不合格，用户要求调换或维修。有的营业员嫌麻烦，不但不予以调换或维修，反而振振有词地说："我们出售的电器产品都是经过生产厂家检验合格之后才出厂的，你看，你买的这台也有检验合格证嘛！这就证明我们的产品是合格的。不合格就不会出厂了，我们也不会出售给你了。所以，产品出毛病不是该产品不合格，而是使用不当造成的。"

"呵呵，你这么说就不讲理了吧？"用户反问道，"按照你的理解，贴上检验合格证就是合格？那过期的罐头，瓶子上是不是贴上检验合格证也算合格，也能出厂？"

"你……"营业员无言置辩，只能满足用户要求。

反唇相讥要抓住对方论据中的虚假理由，剖析事物之间的辩证关系。虚假理由是指有意捏造论据，或者用一些不能成立的道理作为论据进行论证，这是违反充分理由律的诡辩。

营业员的话语中有两处是明显的虚假理由的诡辩：一是只要产品上贴有合格证就是合格产品；二是产品出毛病都是使用不当造成的。显而易见，这两条理由都是不能成立的，用它们作为论据来论证电器产品的质量合格是片面的，是以偏概全的。所以，用户抓住"合格证"与"合格"之间的主谓关系，轻松赢得了论辩。对一些相对笼统的模糊概念，进行一分为二的辩证剖析，抓住事物之间对立统一的辩证关系，具体问题具体分析，这样才能言之有理。

在公司，李爱华自身工作能力不强，而且不求上进，整天无所事事。有一天，部门领导给李爱华布置了一项打印文件的任务。李爱华想偷懒，来找同事林格，说："你看，我打字太慢，你能不能帮我把这份文件打印出来？"

林格看出猫腻，说："正是因为你打字慢，所以，你才需要锻炼啊，你今天不加强锻炼，如果明天领导还给你布置这样的任务，你怎么办？"

听罢此话，李爱华面红耳赤地离开了。

反唇相讥要遵循逻辑，洞悉立论者的前提破绽。众所周知，一个逻辑和理论的成立，都是建立在一定的前提条件之上的。以辨析对方论据中的关键词作为突破口，剖析对方立论成立的前提，发现破绽，便可轻松制敌。

李爱华不想做这份打字工作的前提是因为自己"打字慢"，林格抓住了"打字慢"的关键词，同样以此作为前提，着眼未来，从而得出一个完全不同的结论，轻松地反诘李爱华。

反唇相讥要善于借势反推，就坡下驴。当对方振振有词地发难时，从对方的论证出发，从而得出与对方论证截然相反的结论，使对方难以自圆其说。

福特汽车公司创始人亨利·福特在赢得了巨大的财富和荣誉后，也遭到了一些人的嫉恨和挑衅。有一次，他因一件小事被人告上法庭。对方律师问他："你觉得你的能力足以掌管世界上最大的汽车公司吗？"

"当然。"亨利回答道。

"那我问你，你知道一辆汽车上有多少个零件吗？"

"不知道。"

"可是这个连我都知道，是4273个。"对方律师露出一脸的不屑。

这时，福特微笑着说道："作为一个领导者，我需要知道的是，在我的企业中谁应该知道这个数字。只有那些不懂得企业经营的人，才会整天记一些无用的数字。”对方律师哑然。

在这里，对方律师以亨利·福特不知道汽车上有多少个零件为由，得出他的能力不足以掌管世界上最大的汽车公司的结论。但是福特巧妙地借对方之势，进行反向推论：作为领导者，要懂得更高的经营理论，不一定需要知道这些技术层面的小事情；只有不懂企业经营的人，才会整天记一些无用的数字。这就从对方的论证出发，推出了相反的结论，驳倒了对方的观点，反而置对方于尴尬之地。

在遭受别人言语攻击的时候，我们要准确地把握时机，随即义正词严、有理有节地打击对方的嚣张气焰，让滋事者偷鸡不成蚀把米。但要注意：

1. 任何反驳都是为了讲清道理，而不是为了图一时之快，更不是为了侮辱别人的人格。

2. 争辩不是诡辩，不要无理取闹，谎话连篇。

2 答非所问，让对方知礼而退

一位央视记者问一位大叔：“您幸福吗？”

对方回答说：“我姓曾。”

这句答非所问的回答被称为“神一样的回复”，瞬间成为热点。

一般来说，答非所问是最严重的错误之一，但是在特定的语言场合，使用这种方法，可以使自己轻松过关。譬如，有人向你提出一个不便于回答的敏感话题时。例如：

在影片《101次求婚》中，黄渤饰演一个随时随地“准备求婚”的大龄青年，林志玲则饰演一个“逃婚”的大提琴手，要遭遇来自黄渤的第101次求婚。在片方举办的媒体探班活动中，有记者问林志玲如何看待与黄渤这个新搭档的合作，她笑道：“我最喜欢黄渤在《斗牛》中的演出了。”

就在记者为她的“答非所问”而惊诧时，她又说：“既然他和牛都能演得那么精彩，和我一定更没有问题了。”

听到这话，黄渤也不禁开怀大笑。

记者的意思是：你和黄渤的首度合作会愉快、能成功吗？对此，林志玲当然了然于胸。但她并不直奔主题，却是先言喜欢黄渤在《斗牛》中的演出，故意给人以“答非所问”之感；而待她说出后语，人们自然能悟出其前言是在为后语提供依据。这种出人意料的说话方式，再加之为夸赞黄渤竟将自己与牛相连，自能给人以诙谐幽默之感。

工作、生活中，当你对对方的问话不感冒、不方便直接作答或者有什么顾虑时，不妨像这位大叔这样，你赶你的驴，我骑我的马。

先承后转。争论中，对方往往抛出一些听似有理或大家耳熟能详的常理作为论据，这时我们可以先承接过来，缓和对立，然后再嫁接自己的观点，在温和与冷静中风度翩翩地施辩，展现一种至柔至刚的语言魅力。

当面对别人的步步紧逼而陷入被动时，我们可以借对方的话头，不露痕迹地把谈话的内容巧妙地转移到其他对自己有利的话题上，让对方的努力白费。

言此意彼。指表面上说的是这个意思，而实际上却另有他意，或另有深意。此法如运用得当，可使内容蕴藉、含蓄，给听者留下思维的空间，令人回味，增加无限情趣。

一次，庄子正在河边悠悠然地钓鱼，突然来了两位楚王的使臣，他们恭恭敬敬地对庄子说："先生，我们大王想请您到朝廷做官，您同意吗？"

庄子无意当官，直截了当地拒绝又有失礼貌，于是做了一个这样的回答："我听说从前楚国有过一只神龟，已死去三千多年了。大王对它十分敬仰，用精美的竹器盛着，上面还盖着极为华贵的丝巾，高高地供在庙堂之上。不过有一点我不明白，你们替我说说看，在那只龟自己看来，究竟是死了后被人把骨头当做宝贝高高地供起好呢，还是像生前那样快活地生活在泥里摇头摆尾好呢？"

两位使臣听了立刻回答："当然是快活地在泥里摇头摆尾好呀！"

庄子听了也就立即答道："那么二位请回，且容我继续在泥里摇头摆尾吧！"

两位使臣明白了庄子的心意，只得离去。

庄子不想答应楚王的任命，又不便直接拒绝使臣，于是便讲了一个神龟的故事，并巧妙地借使臣的回答，表明了心意。

工作、生活中，当你不便直接就某一问题表明自己的看法或立场时，不妨采用言此意彼的手法，跳出这个问题，借用一个其他的故事或他人的经历向对方做出暗示性的回答，便可使事情圆满收场。

答非所问是出于不能直接回答或者不方便回答时采取的一种表达技巧，而不是无原则地故意绕圈圈，也不是掩盖真相，偏离逻辑规则，更不是别人

说东，你偏要说西，这样的做法，是不可能令听者满意的。

3 转移话题的“闪避术”

2013年的春节晚会总导演哈文，是著名主持人李咏的爱人，她在策划2013年春晚的时候，曾经有记者“刁难”地问哈文：“如果春晚只能选一个男主持人，你认为是选李咏合适还是选毕福剑合适？”

哈文妙答：“我选朱军。”

面对记者的“刁问”，哈文若说选自己的丈夫，那未免有借工作之便“徇私”，偏向自己家人之嫌疑；若说选毕福剑，那未免有看不起自己的丈夫之嫌，聪明的哈文跳出记者预设的“圈子”，在这两人之外另选他人，就避免了尴尬，也让人会心一笑。

这种方法，就是说话中的“闪避术”。闪避，是指在不愿回答对方问题却又不能不回答之时，运用巧言妙语来回避问题实质的一种语言表达方式。由于这种方式不仅有悖于惯常思维中的合作原则，而且蕴含着一种“答非所问”却又“理据充分”的高妙智慧，因此，我们在遇到一些不方便回答的问题时，就可以采用这种“闪避术”的方法。

借助空话予以闪避。即用一些众所周知的道理或者事实进行回答，虽然回答的事情真实存在，但提供的却都是无效消息。

2012年12月6日，诺贝尔文学奖新闻发布会在瑞典文学院举行，莫言如约出席并回答了各国记者的提问。当记者问他“您来斯德哥尔摩除了领奖之外，最大的目的是什么”时，莫言先是含笑“纠正”：

“我来斯德哥尔摩最大的目的就是来领奖。”就在台下发出会意的笑声时，他又笑着补充道：“还有一个目的，就是来参加这个记者招待会。”如此幽默的话语，自然又引来一片笑声。

在被问及“获奖之后，您的生活发生的最大变化是什么”时，莫言则一本正经地回答道：“对我个人来讲，最大的变化是，我过去骑着自行车在北京街头没有人来理睬我，前几天我骑着自行车在北京街头走，好几个年轻姑娘追着我照相。我一下子知道，哦，我成了名人了。”此语一出，更是赢得一片掌声。

具体到上述两次应答，莫言均是借助于人所共知的空话予以闪避：比如第一次，记者已排除了“领奖”，他仍加以“纠正”，“纠正”之后，给出的答案竟是“参加这个记者招待会”——这个地球人都知道的消息，记者又怎么会需要它？至于获奖后“成了名人”，显然又是一个无效信息，但莫言却用一个故事把它说得煞有介事，这自然让人忍俊不禁。有如此智慧幽默的闪避妙语，能赢得笑声和掌声自是一种必然。

在工作中，我们时常会遇到一些好事的员工，特别喜欢打听公司的内部消息，又因为这些消息暂未公开发布，所以不方便予以透露。此时，我们不妨用一些空话、废话予以回复。比如“还是上次开会说的那样”“过两天就会通知”等。

跳出圈外巧言其他。如本节的开篇案例，面对二选一的问题，我们往往不能直接给出答案，不妨跳出这个固定选项，说点题外话。

2010年5月24日，穆里尼奥率领国际米兰队夺得欧洲冠军杯后，西班牙记者对这位即将入主皇家马德里队的名帅进行了采访。

当记者问他“你更喜欢梅西还是C罗”时，穆里尼奥回答道：“我喜欢我所喜欢的球员，当然他们也都是最好的球员。如果你非要问我喜欢梅西还是C罗，我会告诉你，我喜欢那个在冠军杯决赛里进球的米利托。他不是那种每天都会给我回报的球员，却能在球场上为我去死磕，去进球，冠军杯决赛后我们一起在更衣室里落泪。所以，我的答案是米利托、埃托奥、潘德夫……”

对这个二选一的问题，如果穆里尼奥直言不讳，势必会得罪其中一方——得罪皇马的C罗，日后恐怕难以合作；得罪巴塞的梅西，亦有无端树敌之愚。明确了此中之陷阱，我们也就能体味出答非所问之精彩：“我喜欢……最好的球员”之中，即昭示了二人“我都喜欢”之意；而“我喜欢……米利托（国米队员）……”这一有理有据有情的言他之语，实在巧妙！

面对员工较真的追问，我们确实想给出自己心中的想法，但有时候往往越是实话越伤人。这种“跳出圈外巧言其他”的方法屡试不爽。

歪曲语意巧偷换。在遇到“刁问”的时候，可以通过关键词语进行“歪解”，让喜欢穷根究底的论敌意识到这个问题已经给出“正解”，无法再追问了，也就很好地避开了“刁问”。

中央电视台三套播放的一档《我要上春晚》节目中，在主持人董卿的邀请下，评点嘉宾李玲玉登台清唱了几句其代表歌曲《粉红色的回忆》，就在李玲玉演唱的过程中，大屏幕适时播放出了她20世纪90年代参加第三届春节晚会时演唱的精彩片段。看到李玲玉二十年过去几乎容颜未改，董卿随即含笑问道：“都二十年了，你为什么美丽依旧，一点点都没改变？”

“是吗？”

见李玲玉惜言如金，董卿便追问她：“你是怎么保养的呀？”

“因为‘我要上春晚’。”李玲玉这一精彩的回答，赢得了观众长时间热烈的掌声。

对董卿的“怎么保养的”这个问题，显然不是三言两语就能说清楚的，于是，李玲玉便将“怎么保养”偷换为“为什么保养”，然后再巧妙作答：因为“我要上春晚”（所以我重视保养，美丽依旧）。二十年的“保养”竟是为了“上春晚”，谁会相信这样的理由呢？但由于这一因果关系不仅貌似合理，而且恰到好处地引用了《我要上春晚》这个节目名称，自能给人以风趣幽默之感；因此，观众能不报以长时间热烈的掌声吗？

面对同事或领导的追问，特别是讨论重要人物时，如果我们如实回答，没准闲话会越传越多；但如果以“无可奉告”之类的辞令搪塞，那未免会有“不合群”“耍大牌”之嫌。在不破坏现场交流气氛的情况下，用“闪避术”可以避免麻烦事落到自己身上。

“闪避术”还有一种方法是以问作答。用反问法将问题抛给对方，自己就脱责避难了。

4 正话反说，将棘手话题终结

正话反说，就是说出的话，跟实际要表达的意思是完全相反的，表面褒扬，其实贬斥，表面否定，其实肯定。它是营造幽默话语的一种说话的艺术，往往能起到奇特的语言效果。

《红楼梦》里，贾琏送黛玉去苏州回来，王熙凤为其“置酒掸尘”。席间，贾琏先问过家中诸事，然后又感谢凤姐的辛苦。凤姐赶紧说道：“哪里做得那么好啊，自己好多事做得不行的，见识又浅，口角又笨，脸又软，胆子又小，协理宁国府，闹得‘人仰马翻’，还请你好歹描补描补。”贾琏听了，心中好生欢喜，发现凤姐越发会说话了。

这里，凤姐表面上说自己不行，实际上是在向贾琏表功，炫耀自己的管理才能。以自谦的形式正话反说，不仅俏皮幽默，还能引起对方的注意。

正话反说表达批评，更容易让人接受。我们在向上司提建议或对下属工作表达不满时，有些话是不适合摆在明面上说的，正话反说，打开天窗说亮话！

汉高祖刘邦杀了韩信之后，又抓住了蒯通，刘邦要他承认勾结韩信谋反之事。蒯通拿功当罪，历数韩信有“三愚”：“韩信收燕赵、破三齐，拥精兵四十万，那时不反，如今才反，这是第一愚；汉王驾出成皋，韩信在修武，统大将二百余员，精兵八十万，那时不反，如今才反，这是第二愚；韩信九里山前大会战，兵权百万，那时不反，如今才反，这是第三愚。如此愚不可及之人，我蒯通怎能与他为伍？”

蒯通以迂为直，为韩信道愚是虚，表忠是实，暗地里是在为他摆功，使用和本意相反的言辞来表达，彰显刘邦的“兔死狗烹”之不义，同时也给刘邦留足了颜面，避免了直接犯颜直上引发的麻烦。

运用正话反说之术，不仅可以像蒯通这样表达不满，有时也可以用亦正亦谐的形式表达批评，使批评的话语也显得轻松活泼，悦耳动听。再如：

唐高祖武德四年，国家还未统一，而唐高祖李渊却盖起了极为豪华的披香殿。唐谏议大夫苏世长在庆善宫披香殿陪唐高祖进餐，酒喝得正酣畅，苏世长却突然向唐高祖问道：“这座披香殿是隋炀帝修建的吗？”

唐高祖说：“你的劝谏好像很直率，但实际上很狡诈，你难道不知道这座殿是我修建的，我大唐国富民强，明明有这个实力，而你却故意说是隋炀帝修建的？”

苏世长回答说：“我实在不知道是陛下修建的，我只看见披香殿奢侈得像殷纣王的寝宫和鹿台一样。如此工程，如不搜刮民脂民膏，哪里有那么多资金？而我主隆恩浩荡，又怎么会搜刮民脂民膏呢？我就断定不是兴天下的君王所修建的，所以误认为是隋炀帝干的。假若真是陛下修建的，那实在是不妥了。我以前在武功旧宅侍奉陛下的那会儿，看见的住宅仅能遮风挡雨，那时陛下已很满足了。如今续用隋宫留下的宫室，已经够奢侈，可又建新的，陛下怎能避免重犯隋炀帝的过失呢？”

唐高祖听后不禁长叹，再三肯定了苏世长的话。

唐高祖修筑披香殿，苏世长明知故问，正话反说，引出唐高祖自以为是的观点——唐朝有修筑披香殿的实力。随之，他抽出一个疑点——如此工程如果不搜刮民脂民膏，何来经费？他将唐高祖登基前后做了比较，来说明以前的唐高祖心系天下，即使有实力也不会如此铺张浪费，再次否定了唐高祖修筑披香殿的做法。苏世长收放自如，劝谏有道，值得借鉴。

正话反说可以授人以柄，引君入瓮。正话反说往往更能引人深思，表现出深刻的思想，强烈的感情。它既可以用来增强语言战斗力，又能使语言有变化，更具幽默和风趣。

其实，在工作中，即便我们看不惯某些人或某些事，也没有必要当面揭穿，弄得彼此都比较尴尬。正话反说就具备引君入瓮的效果。

正如迟浩田将军，先说出一句“有违常理”甚至“荒诞不经”的话，故意暴露目标，要想夺取他一些什么，得暂且先给他一些什么，让对方抓住缺点、失误，使自己处于被动，诱使对方放松警惕，然后找机会以独特的视角，灵性的语言，予以解释，给人以深思顿悟之感，别有洞天之美。

我们平时讲究硬话软说，即批评或者否定一个人或者一件事的时候，逆耳之言往往会引发对方的反感，使沟通无法有效地进行下去，所以，我们要正话反说，避开正面锋芒，尽量避免刺激或者伤害到当事人。

使用正话反说的技巧时，如果同时使用夸张的修辞手法，将某个事理予以放大，这更能彰显其荒谬性，让人恍然大悟。

第12章

反戈一击，让滋事者知难而退

人们常说害人之心不可有，防人之心不可无。现实生活中，不乏一些无事生非者，他们欺软怕硬，惹是生非。即便你是他的顶头上司，他们也抱着法不责众或强龙压不过地头蛇的邪念，与你作对，让你难堪。

忍一时，这是聪明，忍一世，那就是懦弱了。所以，对于那些不怀好意的滋事者，要学会适时反戈一击。

1　虚实相应，避开话题锋芒

人有真真假假，时有虚虚实实。有时候，他们会故意运用一些虚幻的、无法验证的论题来设置语言困境，企图难倒我们，从而套取一些重要的消息。因此，职场人说话一定要懂得虚实相应、避实就虚、避重就轻，用模糊但又积极的话来摆脱困境。

以前，有一个地主，霸道横行。他家商铺里有个老会计要退休了，但他还欠这个老会计两年的工钱。

一天，地主叫来老会计，说："我出一道题，如果你能做出来，我会多付你一年的工钱作为奖励，如果你做不出来，我将扣掉你两年的工钱作为惩罚。"地主阴险地说："天地之间有多长的距离？给你三个礼拜想出答案！"

老会计回到家，挖空心思地想，可怎么也想不出答案来。他的孙子知道这件事后，要求随爷爷去见地主。

爷孙俩来到地主家，地主开门见山地问："天地之间相距多远？不要含糊，要回答精确。"

老会计的孙子回答："报告老爷，天地相距129872. 0065403公里。"

"精确！实在惊人，你是怎么算出来的？数字确实可靠吗？"

“请老爷去量一量，发现有半点差错，我甘愿受罚——砍我的脑袋我也没有半句怨言！”孙子自信地回答。

地主明知无法核实，只得如数支付老会计三年的工钱。

以实对虚，让刁难你的人被动。以实对虚的特点在于：论敌的论点是虚的、无法验证的；而己方用来回答的内容也是无法证实的，但却是以“实”的面目出现的。因对方无法验证其真假对错，只能接受这种似真实假的回答，从而拱手让出论辩的主动权。

地主要老会计说出无法探测的天地之间的准确距离，以此来为难他，老会计的孙子随便报了个看似精确的、实在的数字，由于地主无法验证其准确性，这样便有效地还击了地主的挑衅。遭遇此类刁难，如法炮制。

我们可以不去怀疑任何人的动机，但必须学会自我保护。特别是牵扯到行业机密的重要信息，当别人试图套取时，我们要学会以实对虚待之，不让对方轻易得逞。

某实业集团改变以前的固定工薪制度，根据员工的工作表现和付出，实行绩效考核制。这样一来，懒散惯了的马德江的工资收入一下子少了许多，月底，拿了最低的三等绩效，比一等的要少拿一大截。马德江愤愤不平地来找主任李虎健理论。

马德江说：“你们当领导的就知道瞎实行什么新政策，从来都不管我们基层员工的疾苦。你看，这次我才拿了个三等绩效，丢人丢大了。唉，照这样，我只能混日子喽！”

李主任安慰他：“三等也不错啊，这说明你的上升空间还是很大啊。下一步，你就冲着二等、一等去。到时，我给你庆功。”

马德江却笑着说：“你以为我也是傻子啊，那帮人不是拿了一等吗？让他们使劲干去！”

这时，李主任一本正经地说：“有时一分耕耘未必会有一分收获，但只要我们努力了，才能问心无愧。端正态度，端好饭碗，才是根本。你说工作都让一等绩效的人去干，那是不是你的工作和工资也要让他们拿呢？”

马德江低下头，若有所思。

马德江绩效工资不理想，情绪低落，还声称“拿一等绩效的人应该多干活”。拿得多，就该干得多，马德江显得理直气壮。李主任避开马德江的锋芒，本着多劳多得的原则，反问马德江，怎样处理劳与得之间的关系，让对方明白：多劳可以成为多得的前提，但少得万万不可以成为少劳的借口，否则，只会贻笑大方。

员工在某些工作问题上的认识是站在自身利益的角度理解的，所以，他们往往不会理解公司一些制度的设置，我们在向员工解释时，要注意避实就虚，避开员工争论的锋芒，往共同利益上引导，更能激发员工的工作热情。

当工作中员工向我们提出一些非分要求时，我们拒绝也没必要太过分，这样会打消他们的工作积极性。学会避实就虚巧打太极，在稳定员工情绪的情况下，再寻找解决问题的有效方法，更容易得到员工的理解和支持。

虚实结合的表达技巧要求我们要明白：大军动处，其隙甚多，乘间取利，不必以胜。意为大军移动时容易暴露出漏洞，我方要伺隙捣虚，变敌方小的疏漏为我方大的得利。

由于人们认识事物会有偏颇，看待问题的方式方法会失当，语言表达会欠缺等因素，往往辩词还不够严谨。我们看准其表述中的漏洞，抓住薄弱点，乘虚而入一击制胜。

2 借题发挥，将话题延展开去

借题发挥，顺坡骑驴。借题发挥，指借着某件事情为题目来做文章，以表达自己真正的意见或主张。

一位八十多岁的老翁，儿子、儿媳妇都五十多岁了。暑假时读大学的孙子回家，儿子和儿媳妇宰鸡宰鸭，为儿子接风。席间，夫妻俩围着孙子转，这个为他夹鸡腿，那个为他夹鸭脯，把老翁晾在一边。

这时，老翁对孙子训斥道："你这孩子，好不容易回来一趟，也不知道孝敬孝敬你爸妈，给你爸妈夹点菜。"儿子见状，对老翁说："爹，孩子还小，以后就会知道的。"老翁笑笑，说："正因为孩子小，所以要尽早教会他怎么孝顺老人。要不，等他像你这样，都五十多岁了，恐怕也学不会孝敬老人啊。"

儿子脸一红，夹了一大筷子老翁爱吃的菜送到老翁碗里，说："爹，您吃菜。"

儿子眼里只有孙子，老父亲看不过去，觉得自己受到了怠慢，就以孙子得到大人的关爱为由头挑起话题，假意训斥孙子不懂孝顺，并通过与儿子的对答进一步发挥，示意儿子应该懂得孝顺老人。老父亲的几句话，既教育了孙子，也让儿子为自己对老人的冷落之举而惭愧和警醒。

工作中，我们也可以用借题发挥的表达方式，使自己说的话更有影响力。

射人先射马，擒贼先擒王。一个团队出现严重的问题，如果先惩罚这个团队的领导，会对团队中的其他成员起到敲山震虎的作用。

朱元璋率领义军反抗元朝的残暴统治，攻克了不少城池，然而此时，朱元璋却发现大将军徐达军帐中有些人不守军规，欺压良民。

一天，朱元璋突然宣布要杀掉大将军徐达，徐达不服，朱元璋对众人说："元朝官府欺压百姓，所以大家才会跟着我一起替天行道，除暴安良。现在你的部下欺压百姓，百姓就会憎恨我们；你管教不严，如果不重判你，别人也会跟你一样放纵部下，没有了百姓的拥护，用不了多久，我们就会死无葬身之地。我如果不杀你，其他的将领会以为我在有意袒护你。我要让所有人都知道，不管是谁，只要不懂得体恤百姓，我一样会重重惩罚他们！"

徐达不出声。众将士都一齐跪下，哀求说："军中发生的欺压百姓之事，不能只怪罪徐大将军，我们亦有责任。求元帅饶恕他！"朱元璋听后，沉吟半晌，才指着徐达喝道："看在众将士的份上，这次暂且饶了你。以后军中再发生欺压百姓之事，定斩不饶！"说罢，朱元璋拂袖而去。

自己的部下欺压百姓，且不以为过，作为大将军的徐达工作不力，难辞其咎。朱元璋借徐达失职这件事慷慨陈词，斥责徐达背离了起义的初衷和大义，对部下管理不到位；而后进一步向所有官兵提出严重警告，凡是不爱护百姓的人，都将被重罚。朱元璋借斩杀徐达这件事，而意在肃清军纪的一番话，既斥责了疏于管理的徐达，也让违反军纪的部下有所警醒，可谓一举两得。

当对方为自己的错误言行道歉时，我们可以趁热打铁。在批评对方的同时，对第三者发力，让众人引以为戒。

在美国篮球职业联赛火箭队与灰熊队的一场比赛中，火箭队队员布鲁克斯发挥不佳，被主教练阿德尔曼换下后，竟心怀不满，违反队规，擅自离开球场回到更衣室，火箭队宣布对他禁赛一场。不久，布鲁克斯为自己的错误行为向全体队员做了道歉。

对此，阿德尔曼说："我觉得布鲁克斯犯了一个严重的错误，这不是他应该做的；但是表达生气的方式也有很多种，你可以站在那里，听听怎么回事，不应该让大家感到尴尬。我已经执教多年了，几乎没有人敢离开板凳席。我曾告诉过大家，不管你们在想什么，我都留意到了，我并不愚蠢，我能看懂身体语言。我经常说，要我告诉你怎么样做，很容易，但是我会拿走你的上场时间。如果这样的事情再次发生，我将严惩不贷。"随后，阿德尔曼重申了队规，队员们认识到"老大"的厉害，不敢轻易假以颜色、表达内心的不满。

违反队规的布鲁克斯当众道歉，主教练阿德尔曼认定他的错误"很严重、不应该"，并借机宣告，不管是谁，令人"尴尬"的行为都要为之付出代价，甚至要接受更严厉的处罚。于是，布鲁克斯本人不但大大收敛了自己的小性子、小脾气，队员们也不敢再轻易给主教练甩脸子。阿德尔曼借球员为自己的错误道歉这件事，向众人表明了自己的管理原则，进一步巩固了自己的地位和权威。

职场中，当团队最高领导的决策有失误，而自己又不便直接提出时，可以借机对中层领导的不恰当言语提出批评，从而间接震动最高领导，促其反省。

保险公司销售部主管苏原平，为了大幅度、高层次地推销保险业务，打算找保险公司的董事长要一份介绍海滨市大企业高层次人员的

“推荐函”，因为董事长的人脉很广，和其他多个大企业的高层人员来往密切，他决定找董事长试一试。

有一次，董事长到公司来视察，苏原平乘机走上前说：“董事长，我想请您把几家大企业的高管们介绍给我。”陪同视察的公司推销业务的办公室主任在旁边说：“苏原平，你怎么敢让董事长亲自帮你介绍保险这玩意儿？”苏原平回答道：“公司一再告诉我们，推销人寿保险是一项神圣、光荣的工作，而我们也是一直把推销保险看作自己的神圣使命。您作为办公室主任，竟然把保险称作‘这玩意儿’？就不怕伤了大伙的心吗？如果大家知道，他们努力奋斗的工作在公司眼里如此下贱，大家会不会觉得董事长口是心非、戏弄我们？那时，恐怕没有人尽心竭力为公司做好保险销售的工作了。”办公室主任哑然。董事长考虑了一会，说：“苏主任的话是对的，我们也是保险公司的高级职员，理应为公司贡献一份力量，帮助拓展业务。”

办公室主任称推销保险为“这玩意儿”，让销售部主管苏原平非常不满，他通过指责办公室主任的出言不逊，进一步把矛头导向公司及作为最高领导的董事长，暗示其要为自己的错误决策可能导致的严重后果负责，迫使董事长自觉改正不当决策，开始重视公司的保险销售工作。

借题发挥不是无事生非，运用时应注意：

1．不要无限夸大事态的严重性，扩散负面意义，而要基于事实说话。

2．借题发挥可以由此及彼地谈论其他事情，但不要指桑骂槐，暗中影射伤人。

3 随机套用，化解沟通难题

所谓谈话中的“套用”技巧，即引用、承袭、改造或模仿对方或者第三方的话语内容以及逻辑思维，套用到自己身上，从而改变说话者面临的被动局面，打破尴尬气氛，很好地表达自己的意思，解决沟通障碍。

借梯上楼式套用。承接对方所说的话，或仿照对方的思维逻辑来回敬对方，让对方放弃狡辩和争执。

吝啬刻薄的大富翁和五只狼狗住在一栋别墅里。一天，富翁请了一位画家来为狗画生活照。尽管画家画得很成功，可富翁为了少付点钱，却让画家一改再改。最后，富翁的借口竟是：“你怎么没有把狗屋给画上去？我的狗最怕被别人盯着看了，每次只要有人盯着它们看，它们就会马上躲进狗屋，所以没有狗屋是不行的。”

第二天，画家将修改好的画送来给富翁。“怎么只有狗屋，我的狗呢？”

画家随即说道：“你不是说这狗怕人盯着看吗？因为我们现在正盯着他们，所以他们躲进狗屋里不出来了。你先挂在墙上，等没人的时候，他们就会出来了。”

富翁张口结舌，无言以对。

为难别人就是为难自己。富翁一再刁难，最后以自己的狗怕人看为借口，要画家画上狗屋；于是，画家只画了一个狗屋，面对富翁的责难，借用对方当初所说的“狗怕人看”为借口，解释说狗都藏在自己所画的狗屋里，并理所应当地索求报酬。画家仿照富翁的逻辑，采用借梯上楼式套用，使得富翁作茧自缚，是哑巴吃黄连——有苦说不出。

面对员工无原则的狡辩，我们就可以运用此方法，按对方的思维逻辑来思考问题，借梯上楼，顺水推舟。可想而知，再棘手的问题也会有解决的方法。

按图索骥式套用。释义为按照画像去寻求好马，比喻按照线索去解决问题。即根据对方描述的情形或特点，寻找与自己的共同点或相似点，从而关联、套用到自己身上。

在某期《非诚勿扰》节目中，一位戴眼镜的男嘉宾上场后，其帅气的外形、儒雅的风度赢得了众多女嘉宾的好感，大家纷纷按灯选择。见只有3号女嘉宾不为所动。主持人孟非就含笑问道："3号女嘉宾，你能告诉我不选这位男嘉宾的原因吗？"没想到她竟然出言不逊："我不喜欢戴眼镜的男人，我觉得戴眼镜的男人很猥琐。"

看到男嘉宾脸色泛红，尴尬无比，孟非随即替他解围道："我知道，你是醉翁之意不在他而在我；我没什么地方得罪你吧！不过，我得告诉你，戴眼镜的男人并不一定猥琐，这个我老婆可以给我证明。"

听罢这番话，不仅男嘉宾笑意盈盈，而且台上台下更是笑声四起、掌声阵阵。

很明显，女嘉宾出言不逊，但并不是剑指孟非。但因为孟非也是戴着眼镜的，所以孟非根据女嘉宾描述的"戴眼镜的男人很猥琐"这一特点，故意往自己身上套，从而假痴不癫地"认定"女嘉宾是在嘲讽自己。孟非根据女嘉宾所画的"图"套用到自己这匹"骥"身上，既为男嘉宾化解了尴尬的困境，又驳斥了女嘉宾以貌取人的言行，机智幽默，颇有风度！

按图索骥式套用，要求我们具备一定的雅量，即面对员工的无心之失，我们可以趁此担责，减轻员工的负疚感，也树立自己的威信。

谐音暗示式套用。面对他人好心好意的肺腑之言，为了不让对方尴尬，不便直言驳斥时，可以巧妙借用词语的谐音，委婉表明自己的心意，让对方知难而退。

上官弼任经理时，下属中有一个名叫陈亚的人，深得他的信任。后来，陈亚跳槽到别的公司，临走时，陈亚问上官弼："我们相处这么长时间，您看我是不是有哪些地方做得不够好，我想听听您的意见。"

上官弼诚恳地说："你的才干和品行都是没得说的，只是太爱调谑，似乎过分了一些。"

陈亚点头笑道："您叫上官弼（鼻），怎么反倒管起下官的口了呢？"上官弼听之，大笑而去。

两人意气相投，临别时面对陈亚的问询，为人实在的上官弼坦言陈亚的不足之处。可是，诙谐是陈亚的本性，他并不以为是毛病。所以陈亚尽展自己诙谐的一面，拿上官弼的名字做文章，用谐音暗示的方式，表达了自己的心意。锣鼓听声，听话听音。上官弼当即领会了对方的心意，一笑了之。

暗示是拒绝员工的最委婉的方法之一，谐音暗示式套用，会让你在拒绝别人时也显得风度翩翩。

荣辱牵连式套用。即说话者运用联想、想象等思维活动巧妙地设置一条纽带，将自己与对方或第三者予以捆绑，造成一荣俱荣、一辱俱辱的态势，进而摆脱困境的一种说话技巧。

英王乔治三世有次到乡下打猎，感觉肚子有些饿，就到附近一家小饭店点了两个鸡蛋充饥。吃完鸡蛋后，店主拿来账单，乔治三世看了一眼账单，愤怒地说："两个鸡蛋要两英镑！鸡蛋在你们这里一定是非常稀有吧？"

店主毕恭毕敬地回答："不，陛下，鸡蛋在这里并不稀有，国王才稀有。鸡蛋的价格必然要和您的身份相称才行。"乔治三世听了不由得哈哈大笑，爽快地让仆役付账。

俗话说，水涨才能船高。当乔治三世责问店主所卖的鸡蛋“价”超所值时，店主巧妙地利用英王所言，指出什么样身份的人，就该享有何等价值的食物，从而满足了英王的虚荣心，化解了一场虚惊。

提高员工的积极性，靠的是让员工有参与感，让员工有荣耀感。荣辱牵连式套用，与员工一荣俱荣、一辱俱辱、患难与共，让员工更有自尊。

兵来将挡，水来土掩。一个能娴熟操纵谈话气场的人，是可以假万物于己所用的，从而毫不造作地套用在对自己有利的话题上，掌握话语的主动权。这里，我们所说的“套用”技巧还包括：

1．词意曲解（别解）式。把对自己不利的事实，巧妙地从有利于自己的一面去解析。

2．移花接木式套用。把别人的话，转移、嫁接到自己说话的内容或立场上，从而引起对方的反思和衡量。

4　换位反驳，心通理才顺

人与人之间之所以不断产生矛盾，原因在于我们都喜欢站在自己的角度思考问题，不懂得换位思考。换位思考的实质，就是设身处地为他人着想，即想人所想，理解至上。只有这样，我们才会把心态放平，不再斤斤计较。

1925年5月，鲁迅先生带着母亲、妻子住到阜成门内宫门口的宅院。一天，鲁迅家的两个保姆，不知道因为什么原因，发生了几次激烈的口角。他受不了整日的吵闹，竟然失眠了。

隔壁邻居不解地问："鲁迅先生，你都失眠了，为什么不直接制止她们呢？"

鲁迅微笑着说："她们两人闹口角，是因为彼此心里都有气，口角虽然可以暂时压下去，但心里的那股'气'是压不下去的，恐怕她们也要失眠。与其三个人都失眠或两个人失眠，那么还不如让我一个人失眠算了。"

听到鲁迅的话后，邻居们都竖起了大拇指。后来，两位保姆听说后，也不好意思再争吵了。

换位思考就是要求我们要把别人放在心上，把别人的利益和感受放在心上。我们正准备安心休息的时候，遭到别人的骚扰着实让人闹心。鲁迅先生家里的两个保姆因为口角影响了他的正常休息，鲁迅先生提出批评并不为过，也是理所当然。但鲁迅先生相反，大师不大腕儿，不但不予以追究，反而话语中充斥的尽是体谅与包容。鲁迅先生将两位保姆的"气"都压在了自己身上，宁愿自己失眠。如此把别人的心情以及感受放在心上，包容别人冒犯的行为，既赢得了邻居的敬重，也"止住"了保姆之间的恩怨。

从前有一家姓李的大户，雇了一个五大三粗的长工干活，那长工初到时，李大户对老婆说："每天管他三顿干饭吧，也免得他上茅房偷懒。"他老婆照办了。那长工每顿三碗干饭，干起活来一个顶俩。十天后，李大户对老婆说："这长工干活虽然卖力，但饭量也太大了，干脆让他每顿吃三碗稀饭吧。"老婆当然照办了。可是长工每顿吃了七碗稀饭，干活还是没精打采，有气无力的。李大户心急如焚责问道："你每顿吃了七碗饭，为啥干活不像男子汉？"

这时，长工漫不经心地说道："这你有所不知，以前东街的王屠户生意兴隆，发了大财，就买了一条威猛的狗看家。王屠户为了把狗训练得够威猛，拿肉拴在马上，让马在前面跑，狗在后面追。狗发现有肉，就拼命地追。王屠户给马添料，让其跑得更快，来锻炼狗的耐性，结果狗累死了。所以，我着急，没有力，你着急，有啥益？"

听到这儿，李大户恍然大悟。

其实很多时候，只有善心才能换善心，热情才能赢得温暖。

李大户因为私心而将长工的饭量减少，导致长工产生负面情绪。李大户还强词夺理，长工通过讲述王屠户驯狗的故事，来引导李大户换位思考，促其反思。不仅阐明了自己的委屈，也说服了李大户，可谓一举两得。

北宋时，皇帝的亲戚们认为财产分配不均，轮番到皇帝面前去告状，直搅得皇帝寝食难安。皇帝为此很是烦恼，就让丞相张齐贤来解决这个问题。

张齐贤想了想说："这些纠纷不难解决，但要请陛下允许我全权处理。"皇帝准奏后，张齐贤就把所有告状的人都找到相府里，问他们道："你们不是都认为对方的财产分得多，而你们自己分得少吗？"皇亲们都回答："是的"。张齐贤当场让人把这些皇亲们的意见记录下来，并由本人签字画押。然后召来了两名官员，分别将甲家的人带到乙家去，又把乙家的人带到甲家，人换地方而一切财产都不得移动，只是将分财产的文书作了交换。

这样一来，双方都无话可说了。第二天，张齐贤把处理的情况奏明皇上，皇上对张齐贤快刀斩乱麻的做法称赞不已。

当我们换位思考的时候，问题往往会变得简单起来。很多时候，我们改变世界很难，改变自己却很容易。在我们平时的职场交际中也一样，如果我们换位思考，选择可行的解决之道，往往会让事情变得事半功倍!

美国著名的舞蹈家邓肯有一段话说得让人印象十分深刻：“一个被人称为自私自利的人，并非只因为他寻找自己的利益，而在于他经常忽视别人的利益。”人动而财产不动，只是将位置对换了一下，就迅速地解决了问题。这种方法其实就是换位思考。人总会有对自己现状不满意的地方，所以有“这山望着那山高”的说法。以理解为前提，以沟通为渠道，进行“换位思考”，不仅能够更好地读懂别人、读懂生活、读懂社会，还能丰富自己的阅历和思想，提高自身的修养和素质，何乐而不为呢?

职场交际中，我们在沟通中应尽量做到换位思考，比如，当别人犯错时，我们要多想想，我们也有犯错的时候。站在对方的角度思考问题，以将自己的内心感受与对方协调起来，达到彼此感情与认识上最大限度的理解。

第七篇

注意忌讳　说得好可以左右逢源

第13章

控制情绪，说话要心平气和

人类与动物最大的区别在于，人类善于情绪管理。若情绪处理不好，往往会失去理性，误事、生非，说话做事也会蛮横无理、极端主观，从而失去众人的理解与支持。这也是管理失败最主要的原因之一。

作为管理者，说话要心平气和，才能顺利沟通，表达清晰。做到这些，才不至于出现以下问题：

1. 急于给某人、某事下结论，或带着偏见待人、待物。
2. 唯我独尊，误认为强权便是领导力。
3. 心胸狭隘，得理不饶人。

这些毛病都是管理者的致命伤，而发源则是坏脾气！

1 别把话说满

中国民间有句俗语叫作“话不能说满，事不能做绝”。而在平日里，不少人说话喜欢使用“我保证……”“这绝对……”等一类很“满”的语汇，话说得那是何等的潇洒、豪迈，而现实往往会给他来个迎头痛击，反倒把自己置于尴尬、被动的境地。

表现自己的话别说满。在说表现自己的话时，如果能多了解一下事情的难易度，听进去别人的意见，说起话就会松紧适度、进退自如。

《隋唐演义》中，杨广下扬州赏琼花。十八家反王得到消息后，聚齐要杀杨广，杨广派出李元霸迎战，把各路反王杀得落花流水。深知李元霸的厉害，瓦岗寨军师徐茂公严禁大家与李元霸交手。适逢刚战胜了宇文成都的裴元庆，士气正旺，很想和李元霸过招。

徐茂公说：“那李元霸可是天下第一英雄，力大无穷，宇文成都尚且不能从他身上占到丝毫便宜，你恐怕难以应付。”

听了军师的话，裴元庆很不服气：“我裴元庆，大小之战也经历过无数次，岂惧一介匹夫？再说了，没有三把神砂，又怎敢盗反西岐？此事就交给我了，末将甘愿在此立下军令状。届时没有取来李元霸的首级，那末将情愿割头谢罪。”军师无法，只得让他写下军令状，出去交战。结果，裴元庆被李元霸砸得吐血，没脸回大营，只得落荒而逃。

为了赢得与李元霸对决的机会，裴元庆当着军师和大家的面，口出狂言，声称"以人头担保，定会取得李元霸的性命"。当战败后，羞愧和惊惧之下，他不得不逃走，以保全脸面和性命。

工作、生活中，尽管我们对当下的事情很有自信，非常想获得这个自我表现的机会，但在说话时，切忌忘乎所以、张狂卖弄。一旦眼高于顶、过于自负，就会说出一些让自己下不了台，甚至自绝后路的话来。

评价他人的话别说满。平时对人或对事进行评价时，我们要学会一分为二地分析，说起话来才能避开偏激的路线，把话说得客观、中肯、有嚼头。

在综艺节目《绝对男生》第二场的时候，第二个出场的鞠铿然演唱完一首充满爵士风格的《我要我们在一起》后，黄舒骏点评："鞠铿然！我接下来所说的话你要仔细地听好，我将给你的演艺事业一次最为震撼的帮助！我觉得你刚才的表演是我有史以来所看到过的最最失败的表演！你根本就不适合演唱这种风格的歌曲，为什么还要勉强自己呢？你就像一个酒量不好的人，强迫自己喝了许多酒，然后犹如醉汉一般在街头喃喃自语。把这首歌唱得软弱无力，歌词完全黏在一起！所以我给你的建议是，你这辈子永远不要再唱这首歌！碰也不要去碰！"

话音刚落，全场观众一片哗然！如此恶毒的点评就连一直温文尔雅的游鸿明也实在听不下去："我觉得黄舒骏老师你这样点评一位刚出道的选手，无疑会伤了选手的心，也伤了在场所有支持他的观众的心，甚至伤了他以后的演艺道路！"

黄舒骏对一位歌坛新人的点评，每一个字好比一根针，把观众和歌手的心刺痛。身为评委，有权对选手的不足进行剖析，但也有责任为选手的发展指点迷津。一上来就言辞凿凿，把人家点评得一无是处，让人感觉前途无光、人生无色，换来的只能是众人的不齿和质疑。我们是否该抛弃“语不惊人死不休”的外在形式，多说些质朴的、有内涵的、励志的话呢。

不管是平时生活中还是日常工作中，我们都少不了对别人做些评价，暂且不论我们是什么身份，都不要把评价别人的话说满，因为评价的标准不一样，结果也就不一样。

答应别人的话别说满。对于别人的请求，我们理应热心给予帮助。但最好不要当即拍板“承诺”，应该给自己留些余地，如“我试试看”；同理，上司交代工作，也应该量力而行，不能为了不折损自己在上司心中的好印象，凡事都保证“没问题”，应该代以“我会全力以赴”等托辞。

赛季初，马赛足球俱乐部主席达西耶提出夺冠的目标，队员们希望俱乐部能提高奖金。他当着大家的面宣布：“为了调动球员的积极性，帮助俱乐部取得更优异的成绩，本赛季，我们不仅会大幅度提高单场赢球的奖金数额，而且，如果大家能够在联赛中连胜4场，赢球奖金将会加倍。”

当取得了4连胜之后，球员们向俱乐部索要双倍奖金，达西耶却反悔了，不想拿出那么多的钱奖励球员。球员们虽然心有不满，但毕竟胳膊拧不过大腿，也只能作罢。

在之后迎战里尔队的比赛中，队员们缺乏斗志，消极怠工，多次送给对手破门良机，并最终以1：2不敌实力不如自己的对手，输掉了一场重要比赛。

重赏之下，球员们力战取胜。当球员要求老板支付奖金时，老板却因为心疼钱，百般抵赖，不兑现诺言，把本是囊中之物的下一场胜利拱手相让，既得罪了球迷，也为自己以后的夺冠增加了变数。

平日里，我们也会犯类似的错误，一个很重要的原因在于，重“说”轻“做”。所以，在承诺前，要多往远处想想，把凡是可能发生的事都考虑到，话就不至于说得那么满，让自己被动、难堪了。

在职场中面对问题，即使我们不是主要责任人，也不可为了急于洗清自己而宣称自己可以不负任何责任。我们不必揽责，但必须要不推卸责任。

把话说得太满，暴露出我们在沟通中对他人不够负责、一时意气用事，不能全面看待和分析问题。谈话中，一定要改一改这些不好的习惯。

2 说话不要灼伤他人

说话，是我们言情表意的重要手段。可是，就在我们随心所欲地表达情感和观点的时候，不小心会触及到他人的“痛处”，刺痛之下，对方的还击和反抗不但会破坏彼此的人际关系，也会影响到自己的个人利益和前途。

在电视剧《甄嬛传》中，甄嬛刚入宫时，太监康禄海在她身边伺候。后来，甄嬛失势，他主动请辞去服侍丽嫔。当康禄海获知甄嬛得宠，又想重新回去伺候甄嬛。

有一天，康禄海和一帮太监、丫环伺候在上林苑散心的丽嫔，看见甄嬛在前面走着，便对丽嫔谎称肚子痛要去解手，偷偷跑到甄嬛跟前表忠心。谁知，康禄海的那些话被尾随而至的丽嫔听了个真切，丽嫔气得骂道："就知道一心攀高枝，朝三暮四！可见内监是没根的东西，一点心气也没有，一分旧恩也不念着！难道是本宫薄待了他吗？"丽嫔歇了歇，接着骂道："如今这些奴才越发不把本宫放在眼里了，吃里爬外的事竟是做得明目张胆，当本宫是死了么？不过是眼热人家如今是炙手可热罢了，也不想想当年是怎么求着本宫把他从那活死人墓一样的地方弄出来的？如今倒学会身在曹营心在汉这一出了！"后来她落了难，太监们都躲得远远的。

俗话说：揭人不揭短，打人不打脸。康禄海不忠于丽嫔的确很令人愤恨，可丽嫔在责骂康禄海的时候，左一句"没根的东西"，右一句"吃里爬外"，句句话戳到所有太监的痛处，伤透了他们的心，日后在丽嫔落难时，她又怎能指望这些被自己伤害过的人来帮助自己呢？

在话语的表面意思之外，还隐藏着内里的情绪层面，这层内里往往带有刺激别人负面情绪的"刺"。这种"刺"往往会刺激别人的负面情绪，把问题复杂化，甚至恶化人际关系。我们一定要懂得尊重别人的忌讳，否则触犯了众怒，只会让自己处于孤立无援的境地。

贺若弼和高颖、杨素等人是公司的元老，为公司的发展立下了汗马功劳。可是，贺若弼因不满自己得到的奖金比杨素少，就时常发牢骚。总经理知道后，念及他的功劳，就和他聊了几句，暗示了他一下，让他知道怎么回事。

后来，高颖和杨素被公司升了职，地位在贺若弼之上。他气不打一处来，愤愤不平地说："这两个人只会吃饭，什么也不会干，他们根本就做不好区域总管，这个官还不如由我来当。"

总经理知道后很生气，把他找来，严厉地质问他："我任高颖、杨素为区域总管，你多次在众人面前大放厥词，说他俩是废物，是什么意思？言外之意是我这个总经理也是废物不成？”在办公会上，总经理又把贺若弼狠狠批评了一顿。

贺若弼因不满同僚的职位高于自己，就妄言“他们什么也不会干”，而全然不顾提拔了这两个“什么也不会干”的总经理，这才惹得对方大为光火，狠狠批评了自己。

说话时，当我们发牢骚，指责对方时，一定要考虑到利害关系，有口无心的话一旦让别人猜疑和不满，最终吃亏和倒霉的还是自己。

言多必失是针对那些思维不严谨，而又喜欢侃侃而谈之人而言的。生活中，我们应体谅别人的痛苦，言行要三思而后行，以免说话带“刺”，在别人伤口上撒盐。

霍丽斯是美国一家上市皮革公司的总裁秘书。有一次，公司与另一家公司计划强强联合，打造欧美最大的皮革市场。这天，对方公司派来代表找霍丽斯的总裁签字，该代表看着总裁的签名，连连夸道：“您的签名可真是气派！”这时，霍丽斯正好走进办公室，听到之后便是笑脸迎合：“能不气派吗，我们老总在暗地里练习签名可有三个多月的时间了！”

她这句话说出口之后，总裁和客户代表便同时陷入了尴尬。

霍丽斯说这句话是为了讨好总裁，但对总裁的一番恭维并没有得到总裁的颔首微笑，反而让在座的人都尴尬不已。那是因为霍丽斯夸人的话语里，“练习签名达三个月之久”，会让人感觉总裁爱慕虚荣、自恋，更重要的是，她将总裁的“个人私事”搬出来作为谈话的佐料，让人感觉有讽刺的意味。

英国作家托马斯·富勒曾经说过：“失足引起的伤痛很快就可以恢复；然而，失言所导致的严重后果，却可能使你终生遗憾。”所以，在说话时，我们应当心里多个“眼”，嘴上多把“锁”，别让没经过过滤的话灼伤别人。

生活中，我们经常会遇到这种情况，两人聊天或者理论，说着说着就话不投机，轻则有人拂袖而去，重则有人大打出手，这是为什么呢？是因为“带刺的玫瑰，暗中伤人”。说话带了“刺”就会让话语刺伤他人，不利于在职场中大显身手。所以，我们要远离那些带“刺”的说话者，更不要说一些容易灼伤他人的话！比如，有失公允的怨气话；无中生有的诬陷话；指桑骂槐的影射话，等等。

3　不说多此一举的话

李小姐在药店买了几支针筒，回家后发现有一支是破的，于是就拿去换。店主满脸微笑地说：“好说好说，我们马上给您换。你快到里面把针筒换一换。”

当李小姐换完正要往外走时，店员老钱又把她喊住了：“我告诉你，今天算你运气好，碰上老板高兴，以后可没这样的好事喽！要是我们天天都为顾客换针筒，那生意就别做了。谁知道你的针筒是不是家里的小孩弄破的？谁叫你买的时候不看仔细？”

李小姐本来满怀感激，这下子可恼火了，她指着店员嚷道：“你当我是不讲道理专贪小便宜的人啊！你施舍我？你以为我愿意在这大热天，浪费时间再跑一趟？你们卖了坏东西还想不认账？你……”

常听人说，“算了吧，都是一句话的事儿，没啥大不了的。”是的，有时就是多了一句嘴，结果把事情搞砸了。说话时，有时为了突出自己或者证明自己，而多说了一些话，结果过犹不及。这些多此一举的话给自己制造了麻烦。

不要因为自己不自信而多说一些怀疑他人能力的话语。平时工作中，我们既然把工作任务交给了员工，就应该对他们报以充分的信任。不要工作安排下去了又忐忑不安，更不要多此一举，说些不信任别人的话。

孙大军和赵丽娟结婚十多年了，孙家和赵家也相处融洽，相互帮助。有一次，赵丽娟的弟弟赵博牵扯进一起盗窃案件，被关进了派出所。这可急坏了赵丽娟，晚饭后，与丈夫一起商量对策。

“凡事都要有事实依据，赵博只是被牵连，现在警方也无法断定，所以你不必要着急上火，我明天让我一个在派出所工作的同学去探探口风，看看赵博。”孙大军安慰着妻子。

赵丽娟说：“老公，你看咱们家人都是老实巴交的，我也相信赵博没干坏事。”两人刚商量完后，准备洗漱睡觉。赵丽娟却一本正经地冒出一句：“大军，你可要站在我弟弟的立场考虑事情，把这件事情当成自己的事情去办啊。”

“你什么意思？你们家的哪件事我不是当成自己的事情去办了？我能站在谁的立场？”孙大军听了这句话不干了，夫妻俩吵起了嘴来。

热爱下棋的人应该明白，一着不慎满盘皆输。谁家都有可能摊上这着急上火的事情，但事急心别急，有事好商量。赵丽娟的弟弟被关进了派出所，作为家人，肯定着急。眼看这两口子都商量好了，明天找人去探探口风。之前的沟通都比较顺畅了，结果赵丽娟却多了一嘴。这番满腹狐疑的话体现出赵丽娟对丈夫孙大军的不信任，让人很不舒服，这不是“画蛇添足”吗?

不要为证明自己而说多此一举的话。为了证明自己的能力，我们往往习惯重笔解释，甚至不惜把自己那些陈芝麻烂谷子的“英雄往事”都抖搂出来。人们常说解释就是掩饰，证明自己无须画蛇添足多此一举，找准典型一击即中即可。

乔治是美国加利福尼亚州的大亨，资产逾10亿美元。他与商业伙伴戴维从加州飞往中国某大城市，准备投资建厂，寻找合作伙伴。

3天后，乔治坐到了谈判桌前，谈判对象是我国某一大型企业的领导。这位领导精明能干，通晓市场行情，言谈令乔治颇为敬佩。听了这位领导对合资企业的宏伟设想后，乔治感到似乎已看到了合资企业的光辉前景。乔治和戴维交流了一下眼色，对企业领导说：“我很相信贵厂的实力，相信我们合作以后，一定会有理想的效益。”

正准备签约时，这位领导拿出一份企业的完税证明，递给乔治，颇为自豪地侃侃而谈道：“我们企业拥有两千多名职工，去年共创利税七百多万元，实力绝对雄厚。我们一定是您最理想的合作伙伴。”

听到这儿，乔治暗暗地掐指一算，700万元折合成美元才一百余万，两千多人一年才赚这么点儿钱?而且，这位领导居然还十分自豪和满意。这令乔治非常失望，离自己预订的利润目标差距太大了！如果让这位领导经营的话，是很难有较高的经济效益和利益的。于是决定终止合作谈判。

乔治首先看中了这位领导的个人能力，进而对双方的合作充满了期待。而就在签约的关键时刻，领导为了证明自己的实力，在对方没有要求的情况下，拿出上年度的完税证明，谈起自己的创收能力。而精明的乔治经过简单计算，发现对方的创利能力远低于自己的期望值，从而使合作瞬间化为泡影。本来是想证明自己能力的一番话，没想到却是搬起石头砸自己的脚，使煮熟的鸭子飞了，好好的合作变成一场空。

不为讨好他人说多此一举的话。我们都有这样的经历和感受，为了给某人留下良好的印象，我们会主动表现自己，比如主动搭讪、有问必答等，正是这种“刻意逢迎”的心态，往往让我们说一些多此一举的话。

某电视台为一名企业家录制专访节目，邀请了一些群众现场参与，并安排了与现场群众的采访互动。为了保证录制效果，在正式录制节目前，节目组有意让现场群众对环境、环节及注意事项有所熟悉。尽管如此，有些群众面对这阵势，还是不免有些紧张。

这位企业家颇有亲和力，看到现场群众比较拘谨，便和大家闲聊了一会儿，大家脸上有了笑容，绷紧的神经也有些放松了。孰料，一旁陪同的部门经理插话了，对现场群众说：“某某总（指那位企业家）实际上并不紧张的。他说自己紧张，是对大家的理解和体谅，是为了让大家放松。大家配合一下，别那么紧张，也没有什么可紧张的嘛！”本来经这位企业家一番富有人情味儿的话语的调节，现场气氛活跃起来了，大家也放松了。可经过部门经理这样一“点拨”，大家的神经又绷紧了，面部表情又僵硬了，心跳又加快了。

经过这位企业家的一番闲聊，初经如此场面的现场观众基本上放松了心情。而陪同的部门经理说什么“领导说的话是为大家着想的”，言外之意，如果我们表现不好，会辜负领导的厚爱，反倒让已经放松下来的现场群众重新又紧张起来，实在是弄巧成拙，事与愿违。

多此一举的话之所以让人难以接受，是因为它具有言外之意，让人越想越不对劲。

1．说话多此一举的人一般缺乏自信，喜欢反复阐述和叮嘱，惹人生厌。

2．人多嘴杂，切勿在人多的场合过多地表现自己，言者无心，听者有意。

4 失言之后，如何补救

日常生活中，我们可能会有一些言行不一之举，如果此举被人当场指出，又该如何进行化解呢？

电视剧《宰相刘罗锅》中，刘墉在一次陪伴乾隆洗澡时被允许叫乾隆的名讳，而过后有一次他一不小心说漏了嘴，刚说了一个“弘”字就意识到自己说错了，这时乾隆已经意识到了，很不高兴，就大声质问：“‘弘’什么？”旁边的人见此情景都吓了一身冷汗。

刘墉却从容不迫地跪在地上说：“弘名天下之圣君万万岁。”乾隆听了这一番恭维的话，就转怒为喜，不再追究了。

一个人在任何时候都可能犯错，刘墉不小心失言，面对乾隆的责问，如果补救不及，难免大祸临头。博学的刘墉还算机敏，赶紧接着刚才的话头，说了一句恭维乾隆的话，乾隆脸色由阴转晴，也就饶了刘墉。

工作中，如果在某一场合说了不合时宜的话，就应该紧跟着用后话进行弥补。

吴承恩的同事姜海秋升了职，想请住在一起的几个室友晚上出去喝酒。吴承恩中午喝了酒，哪里还能再喝，听了姜海秋的话，便信口回答：“抱歉，今天就是打死我也不喝了。”

这时，姜海秋的脸色一下子变得阴沉沉的。一旁的曲玉敏捅了捅吴承恩说：“不能喝酒了去坐坐也行，只是对海秋的一个祝贺嘛！”

听曲玉敏这么一说，吴承恩马上回过味来，知道自己说错了话，为了补救自己刚才的失言，他便风趣地对姜海秋说：“你小子真会挑日子，趁着我酒醉来请客，其实就是一个小气鬼嘛！不行，今天我就是醉了，也要把该我喝的酒都给喝了。”大家哈哈大笑起来。

按照人之常情，姜海秋升了职，就该由他们三个室友做东表示祝贺，现在姜海秋自己做东，吴承恩不去岂不是在打他的脸？得到曲玉敏的提醒而发觉自己失言的吴承恩赶紧嬉笑调侃，“指责”对方请客会挑日子，并摆出一副“视死如归”的姿态，一本正经地表示自己一定要“报复”对方的小气。吴承恩通过把“罪责”推到对方身上，一番机智的补救之言，这才使大好的喜庆气氛没有因自己的失言而被破坏掉。

2011年11月23日，打假斗士方舟子把矛头指向了有“青年导师”美誉的李开复，称其“拔高”了二十多年前在美国卡内基·梅隆大学任教时的职称。

面对确凿的事实，李开复于11月29日做出了第一次郑重道歉：“对于书中不严谨、不谦虚的部分，我虚心接受、深表歉意并将做出修改。”

30日上午，李开复公布了校方的证明和聘书，证明其确实曾得到过AP的任命，只是时间上有些差别，他再次做出诚恳地道歉：“书中描述的是26岁副教授与实际担任AP时的28岁事实不符，深感歉意，将在下一版中修改。”

对此，不仅方舟子予以谅解，说“李开复和唐骏不一样，唐骏是纯粹的造假，李开复只是拔高；唐骏到现在都不认错，李开复最后还是道歉并公布原始文件了”，而且众多网友也给予了高度的评价。

李开复一直有很不错的舆论声誉，因其创办“我学网”和常到高校与学生交流，被誉为“青年导师”。他的简历虽有瑕疵，但错了就诚恳道歉，这种对待批评的态度，不仅没有损害其形象，反而能给我们这个缺乏认错品质的社会树立一个典范。从这个意义上讲，李开复的诚恳道歉，知错就改，仍具有其别样的魅力，仍不愧为青年们的精神导师。

人前犯了错误，常常会在自尊心的驱使下觉得尴尬，觉得颜面扫地。这时，可以从以下几个方面去补救：

1．从容认错，亡羊补牢。没有人会对一个主动承认错误的人下黑手。

2．将错就错，灵活处理。人要想不说错一句话是相当困难的。如果说错了，也不要支支吾吾，抓耳挠腮，而是将错就错，灵活处理。

3．移花接木，转移战场。这就要求我们能充分利用自己的失误或错误，进而借题发挥，抛出新理念。

4．运用幽默，缓和气氛。出现口误，只要不是特别严重，没有人会真的揪着你不放，你需要做的只是用幽默的话语，带动谈话现场的气氛。如果你自己先因为口误而僵在那里，那么整场的气氛必然会很尴尬。

第14章

注意分寸，在“面子”上下功夫

名誉是人的第二生命，能时刻维护他人的名声，维护他人的面子，才能换来对方的真心和支持。反之，只会招致人们的疏远和鄙视。

作为领导，更要注重处理好与员工之间的关系，不能因为自己是领导，说话就无所顾忌，信口开河。

有时候，员工对你支持与否，就看你平时的言谈举止了。

1 如何说话两头都不得罪

一次，著名曲艺家、节目主持人崔琦在北京电视台主持一场曲艺晚会，轮到一位杂技演员表演《踩蛋》的时候，一不小心脚下的鸡蛋被他踩坏了一个，这时观众全都看见了，演员很不好意思地又换了一个鸡蛋，崔琦连忙打圆场：“为了增加艺术效果，证实鸡蛋是真的，所以演员故意踩坏了一个给大家看。”

不巧的是，崔琦的话音刚落，演员脚下又一个鸡蛋被踩碎了。演员尴尬极了，而观众也马上将不满的目光转向主持人，意思就是：这回看你怎么说。只听崔琦不慌不忙地说：“唉，社会上的伪劣产品屡禁不绝，看来不抓不行了——连母鸡都生产劣质产品！”台下顿时一片笑声和掌声。

崔琦真是能说会道。每次演员出现失误时，他都解释得很完美。既让观众乐呵呵地接受，同时又给演员台阶下，让双方都满意，如此高明的打圆场技巧，给了我们诸多启发。

因势利导，转移话题。在工作中，当你面对争论双方各不相让时，可以巧妙利用双方的言语，趁机转移话题。二人各自下了台阶，也会领会你的好意。

当与别人说话发生矛盾、争执时，夹在中间的感觉是比较尴尬的。作为在场的第三人，我们应该善于随机应变地打圆场，让彼此的矛盾得以化解。

另辟蹊径，两全其美。在生活中，当双方陷入僵局时，我们不妨利用对方所坚持的原则，另辟蹊径，换一个角度看待问题，然后在说话的时候，注意使双方各取所需。

有一次，著名画家喻仲林的朋友开办画展，他前去捧场。

到了展馆，有一位老者拿着一幅牡丹图来找喻仲林的朋友，坚决要求退还此画。老者振振有词地对画家说：“你看，你的牡丹图中有一朵牡丹画在纸边上，只剩下半朵了，这叫做‘富贵不全’，我总不能把‘富贵不全’挂在家里吧！”喻仲林的朋友哭笑不得，一时愣在那里，对于有点无理取闹的老者，他简直不知所措。老者见他无话可说，更加强烈地要求退画，说自己家绝对不能挂这种不吉利的画。

这时候，站在一旁的喻仲林，故作惊讶道：“哦，老人家，你怎么把它叫作‘富贵不全’呀，我这里也给它一个画题，叫作‘富贵无边’。”老者一听，连声称好，拿着画，满意地走了；而朋友更是感激喻仲林的帮忙。

老者把画在纸边上的半朵牡丹理解为“富贵不全”，以此来责备喻仲林的朋友。喻仲林既不想让朋友丢面子，也不能指责老者在无理取闹，于是他顺着对方的思路，调换角度得出了另一种“富贵无边”的解释。喻仲林的观点别具一格，却又有理有据，既让老者满意而归，又使朋友摆脱了尴尬的境地，实在高明。

刀切豆腐两面光，一样话两样说。俗语说，无规矩不成方圆。但有时按规矩办事合理不合情，所以我们灵活处理，于情于理，更能让人信服。

一对夫妇乘火车，但只买到一张卧铺票和一张硬座票。乘务员在查票时对该夫妇说：“按照规定只能有一人在卧铺车厢，一人必须到硬座车厢。”因为女方是孕妇，丈夫提出想在卧铺车厢的边座坐，但还是被坚决执行规章制度的乘务员拒绝。双方在车厢里争吵了起来。这时，一位自称是大学教授的乘客出来给两人上了一堂“课”，化解了这场矛盾。

他对这位丈夫说：“小伙子，人家是在执行公务，你应当理解，如换作是你，你还这么冲动？”他转向乘务员，“无规矩不成方圆，规矩是死的嘛！‘方’是个性，体现原则和在一些问题上的立场。‘圆’是情感，为了大家都好，做出一些让步，一些妥协，在不失去最大原则的前提下，可以后退一步来求得一个圆满的结果。”

最终，乘务员同意这位丈夫坐在边座上，车厢里情暖融融。

人是讲究感情的。在劝解、说服别人时，将真情蕴含于言语之中，便能够让话语富含情感因素，被劝者一定会被真情打动，乐于接受劝说，因为他觉得你是真心对待他。这位教授正是这样，面对争执不休的双方，一面话两面说，既点出了这位丈夫的鲁莽，又指出乘务员不能太死板的按照规矩来。如此褒贬抑扬，双方便不好再争吵下去。

当双方的观点相异或者利益相对立时，我们作为中间的第三方，往往要做调解。如果话说得不好或者说得不到位，就会得罪一方，甚至把两边都得罪。

1．找出争论双方各自的差异，对彼此坚守的观点予以充分肯定。

2．当双方观点明显不一致时，我们不妨巧设前提，让分歧在各自的立场上都显得正确。双方保存颜面的目的既已达到，舌战自然偃旗息鼓。

3. 要想两头都不得罪，首先是哪边都不讨好，实事求是，不偏不倚，才能把话说得公平。

2 别被说出去的话所连累

一个秃头的男人走进一家理发店。理发师问："有什么可以帮忙的吗？"

那个人不屑地说："如果能够让我的头发看起来和你的一样，我就付给你1000元钱。"

"没问题。"理发师一边说着，一边飞快地给自己剃了个光头。

秃头男人理亏词穷，只得支付1000元后，悻悻地离开了。

话说出去之前，你是话的主人；话说出去之后，你便成了话的奴隶。上例中，秃头的男人，大放厥词，本想让理发师难堪，没想到理发师将自己的头发剃光，这样两人的发型就保持一致了。最终，秃头男人只能为自己的无理付出代价。

如果一个人说话时，只图一时之快，那么他的语言将汇成一条河——"信口开河"，轻则让听者不快、尴尬，重则结下怨恨，自己也会被这"河水"淹个够呛，即被自己说出去的话语所连累。

在墨西哥举行的第13届世界杯足球赛上，摩洛哥队与英格兰队交战前，因为摩洛哥队前几场表现不佳，如果不出意外，英格兰队获胜的概率比较大。

英格兰队教练罗布森在比赛前就抑制不住自己激动的心情，大放豪言说：“在这场比赛中，我们英格兰队简直可以把摩洛哥队装在口袋里。”

比赛结果是两队打成了平局，在记者招待会上，摩洛哥队教练法里亚不无幽默地说：“蒙特雷的天气实在太热了，罗布森先生不得不脱去外套……所以，他没有口袋把我们装起来。”

罗布森尴尬无比，恨不得找个地洞钻进去，为此还险些丢掉主教练的位子。

人们常说，说话不能信口开河，胡言乱语。比赛前，在罗布森仅参照摩洛哥队以往赛季的不佳表现，而不分析其他意外状况的发生，大放豪言，称摩洛哥队就是自己的囊中之物，言外之意就是英格兰队可以毫不费力地打败摩洛哥队。比赛后，其最终结果是弱队与强队战成平局，最终让罗布森自讨没趣，被自己先前说出去的话所连累，差点丢掉工作。所以，说话一定要论据充足、客观，不可凭主观意识信口开河。

说话、沟通的目的是让双方明白彼此的思想，然后做出调整，从而达到和谐统一。话说出来，消失在空气中。言者无意，听者有心。所以，在与人交流中，我们要对说出去的话负责，不要被自己说出去的话所连累。

1．心中有因果。话出口之前，就要考虑会为什么结果而担责。这样可以约束自己，避免冲动言行。

2．我们在强势、占理的时候，更应嘴下留情，得饶人处且饶人，言行举止不可只图一时痛快。如果沉迷于泄一己之愤、言语刻薄、对人穷追猛打，即使你占了理，在别人眼中也是无德之人，认为你这个人狭隘、刻薄、不可靠近，可谓得不偿失。

3 虚情假意的腔调儿，让听者嗤之以鼻

生活中，有很多人，他们说话带着各种各样的“腔调儿”，表面上公平公正、热情似火，实则油腔滑调，话语中暗藏刀子。俗语说“种瓜得瓜，种豆得豆”，不管是谁，只要对别人虚情假意，那么，此人不但不会得到真情，而且还必将遭人唾弃。

一年夏天，天气炎热，唐太宗退朝后走出大殿，信步来到御花园憩息纳凉。微风轻拂，心情愉悦，他不知不觉来到一棵大树下。只见树干粗壮笔直，枝繁叶茂，树阴清凉。唐太宗站立树下，只觉心旷神怡，暑气顿消。徘徊良久，不肯离去。仰头观望，不觉脱口赞道：“这是一棵多么高大雄伟 的大树啊！”

唐太宗话音刚落，跟随在唐太宗身边的殿中监宇文士及察言观色，也鹦鹉学舌地对这棵大树赞不绝口：“多么挺拔的大树呀，你伟岸的身躯就是陛下的英姿！多么宏阔的树冠呀，你遮天覆地，象征陛下的功业伟绩！你清凉的浓荫呀，就是陛下赐给臣民的恩惠和福泽！”

唐太宗听了，心里一阵肉麻，大好的兴致被他全搅坏了。于是当着众臣的面严厉斥责说：“魏征常劝我注意提防、疏远那些会溜须拍马的谄谀之臣，我当时还不知道是谁，心中怀疑是你，但不太确定是你，今天的表现，果然证实了我的猜测。”宇文士及听了唐太宗的训斥，

心中惶恐，连忙跪下叩头不止。

恭维人，带着阿谀奉承的“腔调儿”。对别人表示尊重也是有原则、见真情的。如果不顾原则、另有目的、人格沦丧、不知廉耻，对尊贵者就会表现出阿谀奉承来。

上例中的宇文士及，说的这些话表面上似是恭维尊重唐太宗，其实它与尊重本质是不同的。阿谀奉承、虚情假意、夸大其辞、别有用心，只能让唐太宗反感。所以，招致唐太宗的斥责也就不足为奇了。

阿凡提害眼疾，看不清东西，非常难受。国王假装紧张兮兮地过来说道：“阿凡提，你怎么病成这样了？要不要我找宫廷御医给你医治呀？你如果有个三长两短我们国家可就少了一个人才啊？听说你现在看东西还可以把一件东西看成两件，是真的吗？你本来只有一头毛驴，现在可有两头了，阔起来了，哈哈！”

“真是这样的，陛下！”阿凡提说，“比如我现在看您，就看成了两个，可我不知道您要是回去后，王后会认哪个是她的丈夫。”皇帝听了阿凡提的一席话，尴尬极了。本想来看阿凡提的笑话，倒被他戏谑了一番。

安慰人，带着幸灾乐祸的“腔调儿”。语言是有温度的，当别人处于伤痛或难堪时，我们要给予安慰，不能幸灾乐祸、说话肆无忌惮、往别人的伤口上撒盐。

明明阿凡提患有眼疾，国王理应安慰并关心阿凡提的疾苦，而他却幸灾乐祸于他害眼疾的痛苦，出语可谓极尽刻薄，话语中深含幸灾乐祸的“腔调儿”，实在让阿凡提心里难受。

著名歌手阮丹青有一首歌叫《虚情假意》，讲述一对不再真心相爱的恋人，虚情假意敷衍着彼此感情的故事。与人相处要彼此信任、以诚相待，如果只是表面热情而内心虚伪，抑或投机取巧、图谋不轨，到头来只会遭到唾弃、令人鄙夷。

4 君子交绝，不出恶声

《史记·乐毅列传》中讲：战国时期的乐毅善于用兵，辅佐燕昭王攻打齐国时立下了大功。后来燕昭王死了，即位的燕惠王不喜欢乐毅，听信了小人谗言，于是削了乐毅的兵权，并处处为难他。乐毅被迫逃到赵国，燕惠王还让人捎信说要治他的罪。

乐毅回信说："君子交绝，不出恶声。我忠心燕国，却遭不白之污，至此，道不相同，才被迫远行，出走他乡，我并不因此而恶声相加于燕国，标榜自己，也希望惠王能够明察。"燕惠王也就不再为难乐毅了。

"君子交绝，不出恶声"的意思是说，即使与别人断绝了来往，也不说对方的坏话。在现实生活中，友情破裂、同事关系闹僵是常见的事，朋友一时不忿，双方反目成仇也时有所闻。本来一段友谊就此破灭，已经是可悲之事，绝交之后再用恶语去攻击对方就更可悲了。君子交绝，不出恶声，既是对恶缘恩怨的一种化解方式，更是一种不可或缺的交际品质。

俗话说：“冤冤相报何时了。”恶缘不解永远无法了结，到头来仍然是自己的痛苦之源。宽怀大度、谦恭忍让是善解恶缘的大前提，品德高尚的人心中没有敌人。

亚历山大和大流士在伊萨斯展开激烈大战，大流士失败后逃走了。大流士的贴身仆人想办法逃到大流士那里，大流士询问自己的母亲、妻子和孩子们是否还活着，仆人回答：“他们都还活着，而且亚历山大对她们的殷勤礼遇跟您在位时一模一样。”大流士听完之后又问亚历山大是否曾对他的妻子强施无礼，仆人说：“陛下，您的王后跟您离开时一样，亚历山大是最高尚的人，是能控制自己的英雄。”

大流士听完仆人这句话，双手合十，对着苍天祈祷说：“宙斯大王！您掌握着人世间帝王的兴衰大事。既然您把波斯和米地亚的主权交给了我，我祈求您，如果可能，就保佑这个主权天长地久。但是如果我不能继续在波斯和米地亚称王了，我祈祷您千万别把这个主权交给别人，只交给亚历山大，因为他的行为高尚无比，对敌人也不例外。”

亚历山大后来听说此事，被大流士感动不已，两人恩怨因此缓和很多。

有些人对同行冤家和竞争对手，多采取的是阴险的手段，进行打击报复，而不知道如何化敌为友。这样一来，只能使关系僵化，更有甚者老死不相往来。

大流士落为败寇，对亚历山大也是积怨颇深，但当他听到家人平安，并且仍受礼遇时，感佩亚历山大的优秀人品，因此为亚历山大祈祷。正是他敢于认同对手亚历山大的优点，才获得了亚历山大的感动，缓和了矛盾。

20世纪70年代末期，拍喜剧片很卖座的吴宇森，向新艺城电影公司推荐了当时还是“票房毒药”的徐克。之后，徐克经过不懈努力成为了新艺城的创作主力；而反观吴宇森则走了下坡路。幸好，徐克及时伸出援助之手，找他拍《英雄本色》，吴宇森再次扬眉吐气，但遗憾的是，两人由于创作的分歧日趋明显，最终分道扬镳。

2011年4月17日，徐克凭《狄仁杰之通天帝国》获得第30届香港电影金像奖最佳导演奖。同时，该影片也是同年威尼斯电影节唯一一部入围竞赛单元的华语电影。对于徐克的成功，有记者采访了与徐克相"克"而生却又总是被相提并论的吴宇森，记者问："有人说，只有徐克才能打进好莱坞，您如何看待徐克的成功呢？"

吴宇森说："我跟徐克有过一段很美好的合作，虽然我们的创作理念有所不同，但不管什么时候，我都要感谢他，是他在我最需要帮助的时候，给我鼓励，并且让我能够在电影的道路上继续坚持下去。让我在最低潮的时候拍了《英雄本色》，从此改变我的一生。他今天的成功是基于他过人的天赋和不懈的努力，更重要的是其侠义情怀，我为他的成功而欣慰和自勉！"

徐克听后，感动不已，当天就给吴宇森打了电话，两兄弟情深如故。

有人说：人的一生没有永远的敌人，也没有永远的朋友。在人的生命历程中，朋友和敌人，在不同的时期、不同的地点，敌友关系经常转换。一个人如果能用智慧谦恭的心理去解释敌友关系，人生的宿敌就会减少，社会活动就会变得顺利，随之，事业发展就会顺畅。

吴宇森和徐克两位昔日好友因为创作分歧、竞争，导致友谊搁浅。但吴宇森与徐克，情尽不生恶，交绝无恶声。在欣闻徐克功成名就时，吴宇森能心怀感激却又实事求是地评价徐克，让徐克感动不已，最终，两人和好如初。

与吴宇森和徐克不同的是，有些人总是觉得既然已经与对方"交绝"，出些“恶声”以泄心头之恨也没什么影响，而实际情况却恰恰相反，不仅使两人的友谊再次决裂，更影响了自己的发展。

古训说：我有负于人，不可忘也；人有负于我，不可不忘也。如此看来，当今快节奏的生活中，随着人与人的交往频繁，产生摩擦和矛盾的可能性也随之增加。能坚守“君子交绝，不出恶声”这句古语也就显得愈加珍贵。从某种程度上讲，“交绝”之后，不出有关对方的“恶声”也是在出自己的“美声”！

后记

乐嘉在自己的微博中写了这么一段话："很多人问我的口才是如何练成的，有没有捷径？《卖油翁》是初中的一篇课文，最重要的一句话就是——无他，唯手熟耳。欲取捷径，很好，你以后不用吃饭了，天天去吊葡萄糖，营养更均衡，天下所有的捷径都是骗人的！"

这说明，没有谁是天生的超级演说家！要想出口成章，就得进行魔鬼训练。

很多人都看过一部包揽第83届奥斯卡四项大奖的电影《国王的演讲》，这部励志传奇讲述的正是一位口吃国王通过不断训练，最终成为世人瞻仰的超人气国王。正是因为他的演说具有超强的气场，所以，他振臂一呼，应者云集。

练口才不仅要刻苦，还要掌握一定的方法。科学的方法可以使你事半功倍，加速口才的形成。

本书主要从实用性和指导性着手，摒弃一般书的说教，同时，又不失趣味性和知识性。让读者有所得、有所获、有所用、有所成，才是本书的最终目的。

在撰写这本书的时候，自然也得到了很多人的帮助。首先感谢这本书的策划编辑郝珊珊老师，给了我们很多指导性建议，并鼓励我们将书写下去；感谢著名期刊编辑和新锐媒体策划人林开平、胡英军、胡国玮三位老师，是他们让我们在材料和案例选择上，开阔了眼界；感谢《演讲与口才》杂志社原副主编、演讲理论家王治国老师；感谢德者口才创始人、著名培训师、演讲家唐戈隆老师，感谢他们为这本书的知识性扩充给出的建议，为本书的理论性建立把关；感谢《芳草·经典阅读》的执行主编、青年作家张鹰先生，对这本书予以推荐宣传；还要感谢家人，给我们源源不断的精神动力。

编著者

2017年12月